世界名人非常之路

齐白石

大器晚成的画坛巨匠

刘明山 ◎ 编著

中国社会出版社
国家一级出版社·全国百佳图书出版单位

"世界名人非常之路"编委会

主　　任：刘明山

编　　委：周红英　王汉卿　高立来　李正蕊　刘亚伟　张雪娇
　　　　　方士娟　刘亚超　张鑫蕊　李　勇　唐　容　蒲永平
　　　　　冯化太　李　奎　李广阔　张兰芳　高永立　潘玉峰
　　　　　王晓蕾　李丽红　邢建华　何水明　田成章　李正平
　　　　　刘干才　熊　伟　余海文　张德荣　付思明　杨永金
　　　　　向平才　赵喜臣　张广伟　袁占才　许兴胜　许　杰
　　　　　谢登华　衡孝芬　李建学　贺欣欣　刘玉磊　王莲凤
　　　　　刘振宇　张自粉　苗晋平　卓德兴　徐文平　王翠玉
　　　　　刘春青　谭永军　马超群　马　成　赖春红　张世君
　　　　　周筱筱　苗　婕

写在前面的话

著名学者培根说:"用伟大人物的事迹激励我们每个人,远胜于一切教育。"

的确,崇拜伟人、模仿英雄是每个人的天性,人们天生就是伟人的追星族。我们每个人在追星的过程中,带着崇敬与激情沿着伟人的成长轨迹,陶冶心灵,胸中便会油然升腾起一股发自心底的潜力,一股奋起追求的冲动,去寻找人生的标杆。那种潜移默化的无形力量,会激励我们向往崇高的人生境界,获得人生的成功。

浩浩历史千百载,滚滚红尘万古名。在我们人类历史发展的进程中,涌现出了许多可歌可泣、光芒万丈的人间精英。他们用挥毫的笔、超人的智慧、卓越的才能书写着世界历史,描绘着美好的未来,不断创造着人类历史的崭新篇章,不断推动着人类文明的进步和发展,为我们留下了许多宝贵的精神财富和物质财富。

这些伟大的人物,是人间的英杰,是我们人类的骄傲和自豪。我们不能忘记他们在那历史巅峰发出的洪亮的声音,应该让他们永垂青史,英名长存,永远纪念他们的丰功伟绩,永远作为我们的楷模,以使我们未来的时代拥有更多的出类拔萃者,以便开创和编织更加绚丽多姿的人间美景。

我们在追寻伟人的成长历程中会发现,虽然每一位人物的成长背景各不相同,但他们在一生中所表现出的辛勤奋斗和顽强拼搏精神,则是殊途同归的。这正如爱默生所说:"伟大人物最明显的标志,就是他们拥有坚强的意志,不管环境怎样变化,他们的初衷与希望永远不会有丝毫的改变,他们永远会克服一切障碍,达到他们期望的目的。"同时,爱默生又说:"所有伟大人物都是从艰苦中脱颖而出的。"

伟大人物的成长也具有其平凡性,关键是他们在做好思想准备进行人生不懈追求的过程中,从日常司空见惯的普通小事上,迸发出了生命的火花,化渺小为伟大,化平凡为神奇,

写在前面的话

获得灵感和启发,从而获得伟大的精神力量,去争取伟大成功的。这恰恰是我们每个人都要学习的地方。

正如学者吉田兼好所说:"天下所有的伟大人物,起初都很幼稚而有严重的缺点,但他们遵守规则,重视规律,不自以为是,因此才成为一代名家,成为人们崇敬的偶像。"

为此,我们特别推出"世界名人非常之路"丛书,精选荟萃了古今中外各行各业具有代表性的名人,其中包括政治领袖、将帅英雄、思想大家、科学巨子、文坛泰斗、艺术巨匠、体坛健儿、企业精英、探险英雄、平凡伟人等,主要以他们的成长历程和人生发展为线索,尽量避免冗长的说教性叙述,而采用日常生活中富于启发性的小故事来传达他们成功的道理,尤其着重表现他们所处时代的生活特征和他们建功立业的艰难过程,以便使读者产生思想共鸣和受到启迪。

为了让读者很好地把握和学习这些名人,我们还增设了人物简介、经典故事、年谱和名言等相关内容,使本套丛书更具可读性、指向性和知识性。

为了更加形象地表现名人的发展历程,我们还根据人物的成长线索,适当配图,使之图文并茂,形式新颖,设计精美,非常适合读者阅读和收藏。

我们在编撰本套丛书时,为了体现内容的系统性和资料的翔实性,参考和借鉴了国内外的大量资料和许多版本,在此向所有辛勤付出的人们表示衷心谢意。但仍难免出现挂一漏万或错误疏忽,恳请读者批评指正,以利于我们修正。我们相信广大读者通过阅读这些世界名人的成长与成功故事,领略他们的人生追求与思想力量,一定会受到多方面的启迪和教益,进而更好地把握自我成长的关键,直至开创自己的成功人生!

目录

齐白石

爱画画的孩子

出身于贫寒农家	2
火炉旁边的识字生涯	5
培养兴趣的学堂生活	10
刻苦学习绘画知识	14
辍学期间的勤奋自学	19

做木工的岁月

认真琢磨木工技术	24
精心练就雕花工艺	28
仔细临摹《芥子园画谱》	32
抓住学画的好时机	37

改行绘画谋生

持之以恒读书学画	46
一边学习一边创新	51
结交好友提高自己	56
勤奋学习篆刻技术	59
抓住机会拜师学艺	63

踏上他乡的路

决定第一次出行	68
远游归来革新画风	72
努力提升艺术境界	81

齐白石 目录

痛失恩师伤心欲绝 …………………………………… 90
淡泊名利一心向学 …………………………………… 96

卖画成为名家

虚心借鉴前人经验 …………………………………… 102
参加画展名扬海外 …………………………………… 110
喜收爱徒李苦禅 ……………………………………… 115
平易近人教授学生 …………………………………… 124
正气凛然的民族气节 ………………………………… 129
诚实守信的卖画态度 ………………………………… 136
挥笔作画斥权贵 ……………………………………… 142
坚定不移的爱国情怀 ………………………………… 147

跨进新的时代

新社会带来的创作灵感 ……………………………… 152
做客中南海的心灵震撼 ……………………………… 156
慷慨解囊支持和平事业 ……………………………… 165
耄耋之年的创作激情 ………………………………… 169
饱含崇高的和平意识 ………………………………… 176
生命尽头的不懈追求 ………………………………… 185

附 录

经典故事 ……………………………………………… 192
年　谱 ………………………………………………… 196
名　言 ………………………………………………… 198

齐白石

人物简介

名人简介

齐白石（1864~1957），原名纯芝，字渭青，后改名璜，字濒生，号白石、白石山翁，别署杏子坞老民、寄萍、齐大、湘上老农、三百石印富翁等，小名阿芝。湖南湘潭人，我国20世纪著名画家和书法篆刻家。

齐白石著有《借山吟馆诗草》《白石诗草》《白石老人自传》等书籍，出版有《齐白石全集》《白石印草》《齐白石作品选集》《齐白石作品集》等各种画集近百种。

齐白石幼年家道贫寒，只读过短暂的私塾，15岁起从师学木工并以雕花手艺闻名。26岁师从纸扎匠出身的地方画家萧芗陔、文少可学画像。27岁开始师从精通于诗、文、书画的清朝光绪监生胡沁园、陈少蕃习诗文书画。37岁拜硕儒王湘绮为师，并先后与王仲言、黎松安、杨度等结为诗友。

齐白石从40岁起离乡出游，五出五归，遍历陕、豫、京、冀、鄂、赣、沪、苏及两广等地，饱览名山大川，广结当世名人。55岁避乱北上，两年后定居北京，以卖画和刻印为职业。

齐白石生平推崇徐渭、石涛、吴昌硕等前辈名家，重视创新，不断变化，创造了独树一帜的新一代画风。

齐白石曾任北京国立艺专教授、中央美术学院名誉教授、北京画院名誉院长、中国美术家协会主席等职。

1953年，齐白石被文化部授予"中国人民艺术家"称号，1955年荣获世界和平理事会国际和平奖金。1963年，齐白石在诞辰100周年之际，被公推为"世界文化名人"。

齐白石

成就与贡献

齐白石在绘画艺术上受晚清画家陈师曾影响甚大,他专长花鸟,笔酣墨饱,力健有锋。画虫则一丝不苟,极为精细。

齐白石的画,反对不切实际的空想。他经常注意花、鸟、虫、鱼的特点,揣摩它们的精神,主张艺术"妙在似与不似之间",形成独特的大写意国画风格。开红花墨叶一派,尤以瓜果菜蔬花鸟虫鱼为工绝,兼及人物、山水,名重一时,与吴昌硕共享"南吴北齐"之誉。

他以其淳朴的民间艺术风格与传统的文人画风相融合,达到了中国现代花鸟画的最高峰。

齐白石的书法广临碑帖,继承了何绍基、李北海、金冬心、郑板桥诸家,尤以篆、行书见长。诗不求工,无意唐宋,师法自然,书写性灵,别具一格。其画、印、书、诗人称四绝。

他留下画作3万余幅、诗词3000余首、自述及其他文稿并手迹多卷,其作品以多种形式一再印制行世。

地位与影响

齐白石是造诣很高的现代绘画大师,继清末民初海派画家之后,他把传统中国画推到了一个新的高峰。

齐白石的绘画风格对现代乃至当代中国画创作都产生了极为巨大的影响。

从民间画工转变为文人画家,齐白石将富有农民生活气息的民间艺术情趣融进文人画中,这不仅扩展了文人画表现的题材,而且也更新了文人画的艺术境界,开创了具有时代精神和生活气息的写意花鸟画的新篇章。

爱画画的孩子

画家不要以能诵古人姓名多为学识,不要以善道今人短处为己长处。总而言之,要我行我道,下笔要我有我法。

——齐白石

出身于贫寒农家

2009年11月,在北京的一场秋季拍卖会中,一本十三开册页的画册《可惜无声》以9520万元的天价成交,这项拍卖打破了全球中国近现代书画拍卖成交纪录,创造了现代画家画册价值的最高纪录。

这本画册的主人,就是我国20世纪著名画家和书法篆刻家齐白石。

事实上,齐白石在57岁时还默默无闻,但他通过不懈努力,在晚年创造了令世人瞩目的成绩。

齐白石是湖南省湘潭县白石铺人,出生于1864年元旦,他的家乡是个有山有水、风景优美的地方。

那是在一群群山中极其平常的一个小山村,这个小山村的名字叫星斗塘,村落四周的山峰层层叠叠,宛若一道道滴翠的绿色屏障,又好似微波轻漾的绿色海洋。北山上繁茂葱郁的树林,南坡上摇曳多姿的竹丛,还有遍地青青的野草,处处洋溢着活鲜鲜的生命力。

据说,齐家的祖宗是从江苏省砀山县搬到湖南湘潭来的,他们的祖辈世代以务农为生。

齐家有一块地,可以出产大米,可是,这块地每年的收成只够一家人吃,很少拿出去卖。要是遇到收成不好,齐家的两个男丁还要外出打零工挣钱来养家。

齐白石的父亲齐贯政,是一个怕惹事、肯吃亏的老实人。他的岳父周雨若就是看上他的诚实、善良,才将女儿周氏嫁给他的。

1861年,17岁的周氏与齐贯政结婚。嫁过来的那天,按照湘潭的乡间风俗,婆家是要看儿媳妇嫁妆的,周氏的娘家不富裕,没有什么值钱的东西，因此她觉得很寒碜。

齐白石的祖母也是穷苦人出身，她对媳妇说："好女不着嫁时衣，家道兴旺靠自己。"

周氏听了很感动，婚后第三天就下厨房做饭，干起了家务活。

齐白石的外祖父是个教书先生，他对周氏的家教非常严格，所以周氏知书达理。家里有了好东西，她总是先敬长辈，再给丈夫，最后才轮到自己。

当时的湘潭地区，做饭是烧稻草的，周氏看到稻草上面常有没打干净、剩下来的谷粒，觉得烧掉可惜，就用捣衣的椎，一椎一椎地椎了下来。

一天可以得到稻谷一合，一月就可以得到三升，一年下来就是三斗了。当积了差不多的数目后，周氏就拿它们去换棉花。

齐白石的母亲又在房屋旁的空地上种了些麻。有了棉花和麻，周氏就春天纺棉，夏天织麻。

这样，自从齐家娶进了周氏，老老小小穿用的衣服，都是用她自己织的布做成的，直到齐白石出生时，齐家的衣服和布，足足装满了一箱。

周氏还养了不少的鸡鸭和猪，鸡鸭下蛋卖钱，猪养肥了也能卖钱，因此，自从周氏嫁进齐家，齐家的家境虽然不算富裕，但日子过得还是很和美的。

齐白石的祖父祖母看见儿媳如此会持家，高兴得不得了，他们逢人便说："我儿媳妇真是一个了不起的人。"

齐白石出生的那年，他的父亲25岁，母亲19岁，家里还有祖父和祖母。齐白石不仅是祖父母的长孙，也是他父母的长子，而他的父亲也是他祖父唯一的儿子，因此，当他出生后，齐家就有5口人了。

对于齐白石的出世，齐家全家都非常高兴，齐白石的祖父笑呵呵地捻着胡须说："依照齐家宗族的排行，到孙子这一辈，应该是个

'纯'字。所以，我要为这个长孙取名叫纯芝。芝，也作'芷'，是一种香草。孔子说，芝兰生于深林，不以无人而不芳。我也希望这个孙儿的品质像芝兰一样高洁。"

后来，齐家人都习惯地称齐白石为阿芝。

齐白石的"白石"二字，是他成名后常用的号，这是根据他家的居住地起的。

在离齐家不到1里地的地方，有个驿站，名叫白石铺，阿芝长大学画画的时候，他的老师重新为他取名叫齐璜，号濒生，并给他取了一个别号叫"白石山人"。

但是，别人都习惯把"白石山人"中的"山人"两字去掉，光叫阿芝为白石。于是，后来就很少有人知道齐白石又叫阿芝了。

齐白石3岁前，身体非常弱，经常生病，乡间的大夫说要忌荤腥油腻，并开列了一大堆不能随便食用的东西。齐白石当时只是个吃奶的孩子，还不能够自己去吃东西，吃的全是母亲的奶。

大夫这么一说，周氏就忌口了，凡是荤腥油腻的东西，都不敢吃，生怕影响了奶汁，对小白石不利。就是逢年过节，齐家买些鱼肉回来打牙祭，周氏也总是看着别人吃，自己却一口也不沾。

因为齐白石身体不好，家人都舍不得将他一个人放在家里，祖母和母亲下地干活时，就把他背在背上，形影不离地在地里来回打转。

齐家的婆媳常对别人说："自己身体委屈点，劳累点，都不要紧，只要娃儿不遭罪，我们就心安了！"

为了齐白石的病，齐家的大人真是操碎了心，幸好到了小白石3岁的时候，他的病一下子全好了，全家人这才松了一口大气。

火炉旁边的识字生涯

1866年，齐白石刚过完3岁的生日，他的身体就渐渐地好了起来，随后，他就被安排和祖父睡在一起。

齐白石的祖父齐万秉，号宋交，大排行是第十，人称齐十爷。他是一个性情刚直的人，心里有了点不平之气，就要发泄出来，所以人家都说他是直性子，走阳面的好汉。

当时，齐十爷已经59岁了。这个时候正是冬季，南方的冬天特别潮湿，也很寒冷，齐十爷常常捡拾些松枝，在炉子里烧火取暖。

齐十爷冬天唯一的好衣服，是一件皮板挺硬、毛又掉了一半的黑山羊皮袄。当秋风阵阵，树叶飘零的时候，他就从箱子里取出那件用布包着的羊皮袄。

老人穿上皮袄，大襟敞开，把小小的齐白石裹在胸前，小白石常常就这样在老人身上睡着了。齐十爷常对别人说，抱着孙子在怀里暖睡，是他生平第一乐事。

齐十爷是一个很有见识的农民，他认为读书识字是件了不起的事情，其实他自己识得的字也不多，因为他小时候几乎就没有上过学，但自己却偷偷地学习认识了几百个字，对于孙子，他倾注了全部的爱。

虽然他无法预测孩子的未来，但却期待着美好的未来，他没有更多的奢望，只企望孩子能过上略好于自己这一代人的生活。

在冬天，农村的农活不是很多，齐家人常常坐在灶屋里烤火。齐十爷抱着孙子，一边烧火，一边开始教小白石写字。

齐白石认得的第一个字是"芝"字，他的祖父拿着通炉子的铁钳子,在松柴灰堆上,比画着写了个芝字,并对小白石说:"这是你阿芝的芝字,你记准了笔画,别把它忘了!"

小白石把眼睛睁得大大的,认真地注视着。祖父又重复一遍,再重复一遍。

年幼的齐白石照着祖父的教法认认真真地写下了"阿芝"两个字。虽然他的字还写得非常不整齐,但却写出了齐白石彩色人生的开始。

祖父高兴极了,把阿芝抱到怀里,在他娇嫩的小脸蛋上亲了又亲。

齐白石被爷爷的胡子扎疼了,他昂起头来好奇地对祖父说:"爷爷,为什么要识字?"

齐十爷望着孙子询问的目光,缓慢地说:"不识字,就要吃苦头呀!"

他抬起头,向窗外望望,叹了一口气,语气沉重而缓慢地说:"好吧!现在爷爷给你讲个故事,这是爷爷年轻时候一个好朋友的真实故事。我那个朋友是一个老老实实的种田人,由于从小家里穷,没有上过学,所以他一个字也不认识。

"有一次,他妈妈病了,他找财主借债,将一亩荒地作抵押。谁知那财主根本看不上他家的荒地,倒是看上了他家那两间破房的地基。到了签契约的那一天,财主连那两间破房的房地基也一起写上了。我的朋友不识字,根本看不懂,便稀里糊涂地画了押。半年后,他妈妈病故了,又欠了很多的债。过了一年,期限到了,财主要债,我的朋友还不起，财主就拿出那张契约，要霸占荒地和房地基。

"我的这个朋友说，他只抵押了一亩荒地，哪有房地基呀？可财主拿出契约念给他听，还说是我的朋友赖账，反而将他打了一顿，把他从家里赶了出来。唉，我的朋友一气之下就跑到衙门告状，官老爷把财主找去，一看契约，不分青红皂白，又把他打了一顿……"

齐白石听着听着不禁眼睛都湿润了，他担心地问："那么，后来呢？后来他怎么样了？"

齐十爷再一次深深地叹了一口气说："后来，他走投无路，跳到河里，淹死了。"说着，热泪沿着他那古铜色的多皱的脸，缓缓地淌下来。

朋友的死给了齐十爷一个很深的教训，他深感认字的重要性，但是，他的家里也穷，也上不起学，于是他就利用一切机会，偷偷地自学。从自己的名字到平常一些普通的字，最后居然能够认识300多个字了。

自从开始教齐白石识字后，齐十爷每隔两三天，就教小孙子认一个字，并天天教他温习。他常常对小白石说："识字要记住，还要懂得这个字的意义，才会用得恰当。只有会用才能算识得这个字了。假使贪多务博，识了转身就忘，意义也不明白，这是欺骗自己，跟没有认一样。"

齐白石小时候，虽然身体不好，但却非常聪明。祖父教他写字，教一个，他认识一个，并很快就记住了。他常常在玩耍的时候独自拿着树枝在沙土上练习，有时，齐十爷看见了，就悄悄走到孙子的背后，一边不动声色地看他写字，一边满意地捋着自己的胡须。

齐白石认真地写着，根本就不知道爷爷什么时候来到了背后，直到齐十爷在身后说话，小白石才知道背后有人呢！

齐十爷见他那么认真地学，便称赞他有出息，这话被齐白石的祖母和母亲听到了，全家人都非常高兴。

识字，开启了齐白石童年生活的另一个天地。他感到自己比周围的小伙伴们似乎多了一点什么。人家看见树、狗、猫，写不出来，他就写给他们看。

他拉着伙伴，指着前面一棵绿荫如盖的参天大树，问别人："你知道那是什么吗？"

同伴不屑地回答："是大树啊！"

齐白石又问："那么，你知道树字怎么写吗？"

同伴不好意思地挠挠头，再摇摇头。

这时，齐白石才神气地说："哈哈，我知道！来，我写给你看看。"

于是，他半蹲下身子，用树枝在地上写了起来，孩子们把他团团围在中间。

齐白石6岁那年，他家附近的黄茅堆子来了一个新上任的巡检，不知为了什么事，这个巡检来到了白石铺。

黄茅堆子原名黄茅岭，也是个驿站，比白石铺的驿站大得多，离齐家不算太远，离白石铺就更近了。这巡检原是知县属下的小官儿，论他的品级，刚刚够得上戴个顶子。

在那个年代，像这类官，流品最杂，不论张三李四，阿猫阿狗，花上几百两银子，买到了手，就走马上任，做起老爷来了。芝麻绿豆般的官儿，又是花钱捐来的，算得了什么呢？可是这地方天高皇帝远，这些人也能端起官架子，为所欲为地作威作孽。这种官儿势力大，作恶多，外表倒是有模有样，可却坏到骨子里。因此，他们在乡里，很能吓唬人。

那年，黄茅驿的巡检，也许新上任的缘故，站齐了全副执事，坐着轿子，差役们挺起胸脯，吆喝着开道，耀武扬威地在白石铺一带打圈转。

在那个年代，乡里人向来是很少见大官的，听说官来了，就很多人邀约一起去看热闹。

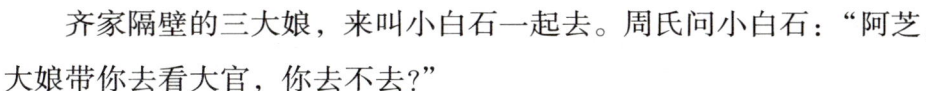

齐家隔壁的三大娘,来叫小白石一起去。周氏问小白石:"阿芝,大娘带你去看大官,你去不去?"

齐白石回答说:"我不去!"

周氏对三大娘说:"你瞧,这孩子挺倔强,不肯去,你就自己走吧!"

小白石一开始还以为母亲说自己倔强,一定会生他的气。

谁知隔壁三大娘走后,周氏却笑着对白石说:"好孩子,有志气!黄茅堆子哪曾来过好样的官,去看他做什么!我们凭着一双手吃饭,官不官有什么了不起!"

母亲的话,齐白石永远都记在心中。

他在以后的日子里一辈子都不喜欢跟官场接近,一直过着普通的平民生活,宁愿终生布衣也不攀比权贵,继承了齐家朴实的农民本色。

培养兴趣的学堂生活

从齐白石第一次跟祖父识字起，直到齐白石满6岁，齐十爷认为他自己认得的字，已经全部教完了，他觉得自己再没有办法教孙子识字了。

实际上，齐白石也真的将爷爷教的这几百个字认完了，就连每个字的意义，他都能讲解得清清楚楚。齐十爷一面夸奖孙子能干，已和自己认识一般多的字，一面却又为自己家中太穷供不起孙子上学而着急。

周氏是个聪明的人，她发现了公公的忧愁，就对齐十爷说："我父亲明年要在枫林亭开个学馆，阿芝跟外公读书，学费是一定免了的。我想，阿芝白天去晚上回，这点钱虽不多，也许够他读一年的书。让他多认识几个字，会记记账，写写字条儿，有这么一点识字的底子，将来就算不能干个别的，也可以做个掌柜什么的。"

齐十爷非常赞同儿媳的话，就决定让小白石过完年去上学。

1870年春，齐白石的外祖父周雨若在枫林亭附近的王爷殿，开设了一所学馆，也就是那个时候的小学堂。

枫林亭位于白石铺北边山坳上，离齐家有1.5公里。过了这年的正月十五，母亲给小白石缝了一件蓝布新大褂，包在黑布旧棉袄外面，打扮得整整齐齐，由齐十爷领着，来到外祖父的学馆。

王爷庙前是用青石头砌成的台阶，齐白石和祖父一老一少拾级而上。

走进王爷殿，小齐白石禁不住东张西望，在殿内有四尊天神，分列两旁，面貌狰狞、凶恶，好像随时都能跳下来一样。

见到神像，齐白石吓得立即将脸藏在了爷爷的衣襟下，拉爷爷的手也下意识地更紧了。

王爷殿里面是小庙的天井，这是一处很宽敞的地方，一群小孩子正在那里追逐、打闹。

天井的左边，有一棵百年古柏，曲折、苍劲的枝干，青翠茂盛的叶子，给人以生命永恒的情思。天井的右边，是一株清香四溢的蜡梅，花朵盛放的势头快要过去，枝头已吐出嫩黄色的小叶。鹅蛋石铺成的通道从山门直到正殿的台阶下。庭院打扫得十分洁净，给人一种圣洁的印象。

庭院的东西两厢，过去是僧人的住所，现在他们都搬到后院去了，这里便成了课堂。

天井正面是供着菩萨的正殿，这间房子四周的围墙歪歪斜斜的，房子的大门挂着一把大锁。正殿东西两侧各有一间屋子，这两间房经过人工修理了一下，看上去稍微整齐一些。

在天井的孩子们一见有人进来，马上停止了打闹，疑惑地望着齐白石爷孙俩。

齐十爷弯下腰向其中一个小男孩问道："请问你们的周先生在哪间屋？"

没等这孩子开口，从正房东侧的屋内传出了这样的声音："在这里，在这里，亲家公来啦！"

齐十爷抬眼一看，只见齐白石的外祖父周雨若快步走出了门，沿着台阶，来到了天井里。

齐十爷迎上前去，一把握住了他的手，脸上露出了重逢的喜悦。

周雨若抬手拍拍齐十爷的肩膀，亲热地说："亲家公最近身体可好！"

齐十爷笑眯眯地回答："不行了，老啦！"说完，他转身拉了拉身后齐白石的衣角说："阿芝，还不快来叫人！"

齐白石大大方方地走到周雨若面前，学着临走前母亲教给他的礼节，深深地向周雨若鞠了一躬，轻声叫道："外公好。"

齐十爷在一旁纠正说："阿芝记着，以后在学馆要称外公为先生，在学馆外边才能叫外公。"

周雨若高兴地笑了起来，慈祥地抚摸着齐白石的头："好好好！看得出来，我这个小外孙天资聪明。亲家公，请进屋里谈吧！"

齐十爷感激地说："给你添麻烦真过意不去，以后劳你费心了。"

周雨若感慨地摇摇头说："亲家公瞧你说的，我们是一家人嘛！"说着，他扶着齐十爷，拾级而上。

周雨若的屋里整洁、简朴。靠正墙的一张八仙桌上，供着孔圣人的牌位，前面有一个香炉。房子的左边摆着一张床，床上挂着陈旧却洗得很干净的蚊帐。临窗一张硬木桌子上，整齐地堆放着书籍、笔、砚之类。右边进门处，放着两把藤椅，中间有一张茶几。茶几上方挂着一幅条幅，装裱得十分精美，上面写着："一代师表"几个大字。这是周雨若的门生送给他的。

按照古人读书的规矩，小白石先在孔夫子的神牌前磕了几个头，算是先拜至圣先师，再向着外祖父拜了三拜。当时认为，只有经过这样的隆重大礼，读过书之后才能当上相公，成为上层社会的人。

从此，齐白石正式进入了学堂。

从那天起，每天清早，齐白石都由祖父送去上学，傍晚又接回家。这1.5公里的路程，不算太远，但却都是黄泥路，平常日子走起来倒也轻松，但要是遇到下雨天，黄泥就都成了泥浆，走起路来，一不小心，就得跌倒下去。

在这样的天气，齐十爷总是右手撑着雨伞，左手提着饭箩，一步一拐，仔细地看准了路面，扶着小白石走。若是路上的泥浆太深了，他还把小白石背在背上。泥地里走路非常辛苦，常常累得他气喘吁吁。

上学之后，外祖父教齐白石先读了一本《四言杂字》，这是当时启蒙的必读书。由于小白石先前就有一定的认字基础，很快就将此书背得滚瓜烂熟了。外祖父高兴极了，随后又教小白石《三字经》《百家姓》。

在同学中间，小白石是班上学习最好的一个，外祖父非常喜欢他，常对齐十爷说："这孩子，真不错！"

齐十爷听了亲家这样夸自己的孙子，也高兴得不得了。后来，外祖父又开始教齐白石读《千家诗》。

这诗引起了齐白石的强烈兴趣，他刚一读，就觉得读起来很顺溜，音调也挺好听，便越读越起劲。

旧时候上学，就是死读书，读熟了要背，背会了就行，可以不用知道书中文字的意思，这叫作读"白口子"书。小白石在家里认字的时候，知道了一些字的意思，但进了外祖父的学堂，虽然读的都是白口子书，但他从学堂回家后还是要用一知半解的见识，琢磨书中的意思，将书中的文字大致自我解释一些。

尤其是齐白石在读《千家诗》时，因为读着顺口，他就更加津津有味地咀嚼起来，有几首他认为最好的诗，更是经常挂在嘴边，简直成了个小诗迷了。

自幼齐白石的《千家诗》读得好，这为他后来读唐诗和写诗都打下了良好的基础。

齐白石读书特别努力，从这个时期起，他经常都是手不离书，口不离诗，这种刻苦读书的精神一直保持到老。

后来，他还曾雕刻过一枚"一息尚存书要读"的印章来勉励自己。

刻苦学习绘画知识

齐白石第一次学画画是在学堂上学的日子,那时,外祖父的学堂除了背书之外,还要教写字。

在旧的学堂里,学生学写字是要用描红纸的,纸下有木板印好了红色的字,写时依着它的笔姿,一笔一画地拿毛笔蘸墨描着去写。这是齐白石最喜欢的功课,因为在这之前祖父教他写字,都只是用松树枝在地面上画着写,这比那样做有意思多了。

为了让齐白石学写字,祖父齐十爷把他珍藏的一块断墨,一方裂了缝的砚台,郑重地送给了齐白石。

这是齐十爷唯一的"文房四宝"中的两件宝贝,原是他预备自己记账时用的,平日都舍不得给别人看。他文房四宝的另一件宝贝毛笔,因为笔头上的毛快掉光了,所以就又重新为孙子买了一支新毛笔。描红纸,齐家也没有现成的,齐十爷也为小白石买了新的。

齐白石的书包里,笔墨纸砚样样都有了,他高兴极了,常常没事就拿着描红纸,在那里描呀,写呀。有时,他描字描得有些腻烦了,私下里就悄悄学起画画来。

在旧社会的湘潭地区,新产妇家的房门上,都要挂一幅雷公神像,据说是镇压妖魔鬼怪用的。这种神像,大多是乡里的画匠用朱笔在黄表纸上画的,画得很粗糙。

在齐白石5岁那年,他的母亲为他生二弟时,他家门前也挂过这样一幅画。齐白石当时就觉得好玩,到他上学会描字以后,他又在一个同学的家门口发现了这种画像。

那天,他在同学的家门口再次看见雷公画像,他觉得这张画像比

他以前看到的画像清晰多了。浅黄色的纸上，用朱砂勾勒出雷公神狰狞的面孔，那两只眼睛很圆很大，大约占去面部的1/3。咧着的大嘴，露出了几个牙齿；嘴边的胡须向四周翘起；满身披甲，赤着脚；两手提着铜铃，威风得很。

齐白石被这神像深深地吸引住了，他越看越有趣，很想模仿着画它几张。

他跟同学商量好，到放学以后，他带上自己的笔墨砚台，对着同学家的房门，在描红纸上画了起来。可是画了半天，画得总不太好。齐白石觉得雷公长得太奇怪了，很不好画。他依着神像上面的尖嘴薄腮，画成了一张鹦鹉似的怪鸟脸。

可画好后，齐白石怎么看也不满意，改了几次也觉得不好。

但神像挂在墙上取不下来，不能描着画呀！后来，齐白石灵机一动，想了一个好办法，他对同学说："这样吧，你帮我找个高脚凳子来，我站在凳子上去描红试试。"

同学很快搬来了凳子，齐白石站到凳子上，接过同学递上来的纸，紧紧地放在雷公神像上面，然后用笔轻轻地勾了起来。

他刚勾了没几笔，就又发现了新的问题，摇摇头对同学说："唉！还是不行呀，我的描红纸质地太厚了，根本看不清神像的大致框架。"

齐白石的同学在凳子下面也为他焦急起来。突然，同学拍拍自己的脑袋说道："嗯，我记得我应该有几张薄的描红纸。"说着，他急忙在自己的书包里翻找起来。

同学果真在书包里找到了一张包过东西的薄竹纸，他高兴地递给齐白石。

齐白石看到这张薄纸，真是喜出望外，他兴奋地大叫着："真是太好了！"

齐白石用这张纸覆在画像上面，用笔认真地勾描了起来。

由于他是站在凳子上画，所以心情也比较紧张，画得也非常吃力，当他画完以后，他才发现自己身上的内衣都打湿了。

这次的画像是比较成功的，神像的轮廓几乎和原画一模一样。齐白石快乐地从凳子上跳下来，他的同学看到这幅画高兴地要齐白石再画一张送给自己。

齐白石重新爬上板凳，再次勾描，很快就又画好了一幅。

同学对齐白石竖起大拇指说："齐阿芝同学，你简直可以当画匠呢！"

齐白石体验到一种从来没有的满足感，他从此对画画产生了莫大的兴趣，并与画结下了不解之缘。

齐白石能画画的消息在学堂的同学中很快被传开了，很多同学都来请他画画，于是，他的小伙伴们就成了他的作品的第一批观赏者和欣赏者。

从这之后，齐白石常常撕了写字本，把它裁开，半张纸半张纸地画。在反复地描着画画时，齐白石掌握了画画的技巧，将不同的人物形象深深地记到了脑中。他不再画门上的神像了，而是开始画自己见到的东西。

他最先画的是自己的村庄星斗塘中常见到的一位钓鱼老大爷。这个老大爷给齐白石的印象很深，闭着眼睛，他就能想到大爷那慈祥的神态。他照着自己心里的模样对老大爷画了起来，可是画来画去，他画出的大爷总是不能使他自己满意。

为了画得像、画得好，齐白石决定再多观察大爷几次。第二天一大早，齐白石就去小河边找这位钓鱼老大爷，哪想到，齐白石去得太早了，那位大爷还没有来呢，齐白石只好失望地回家了。

回家后，齐白石总是想着这件事，于是他在家等了一会儿，又再次去了河边。

这次，钓鱼的大爷总算出现了，齐白石蹑手蹑脚地走到大爷的旁边，悄悄地观察起大爷的一举一动。

钓鱼大爷一手扶着鱼竿一手拿着烟袋，正聚精会神地盯着鱼竿和水面，根本就没有发现身旁的齐白石。

齐白石仔细地记下了钓鱼大爷的眼睛、鼻子和神态，看完后就悄悄地转身跑了。他一边跑一边回忆大爷的形象，生怕大爷的样子没有记清。没跑几步，他突然又想起了什么，自言自语地小声说："噢，对了，还没有看清他的耳朵呢！"

他停下来，转过身，又重新悄悄跑过去用心地观察了一次。

回到家，齐白石立即躲在屋里画了起来，他凭着自己大脑里记下的大爷的面貌，终于把老大爷成功地画了出来。

齐白石拿着这幅画看了又看，想了又想，一会儿觉得像，一会儿又觉得不像，他有些不自信了，就把这画拿去给同学看。

同学一见到齐白石的画，高兴地大叫起来："呀！这不是钓鱼的老大爷吗？齐阿芝同学，你真是画得太像了，太像了！"

"像或者不像"是孩子们对一张画的好坏的最高评判标准。因为在他们这个年龄，还有什么比说"画得像极了"更高的赞誉呢？

齐白石从画第一幅神像的成功，到画第一幅人像的成功，更诱发了他画画的激情与兴趣。

而且，随着越来越多的同学向他索画，也让他应接不暇，这也成了他画画的推动力，促使他不断地去画。

每天，除了习字背书，他的全部业余时间，都被画画占去了。

同学们见他画人物画得那么好，就建议他再画其他的东西。接着，他又画了花卉、草木、飞禽、走兽、虫鱼等，凡是眼睛里看见过的东西，齐白石都把它们画了出来，尤其是牛、马、猪、羊、鸡、鸭、鱼、虾、螃蟹、青蛙、麻雀、喜鹊、蝴蝶、蜻蜓等眼前常见的东西是齐白石最爱画，也是画得最多的。

随着齐白石画画的兴趣越来越浓，他写字本上的描红纸，也越撕越少，他总是刚换上一本新的描红纸，没有几天就又用完了，外祖父看见他的本子用得那么快,刚开始还以为是他用来写字了,后来发现了齐白石作画的秘密,很是生气。

外祖父对齐白石说:"一粥一饭,当思来之不易;半丝半缕,恒念物力维艰。你看你!一天只顾着玩,不干正事,描红纸白费了多少?"

学堂的学生,都是怕老师的,齐白石平日是非常听话的孩子,从来没有挨过外祖父的批评,但因为浪费了本子,被外祖父严厉地批评了一顿。

从那以后,齐白石不再撕写字本画画了,而是到处去找包皮纸一类的东西,在上面偷偷地画。因为这个时候,他的画瘾已是很大了,让他戒掉画画的兴趣,他是不会同意的。

辍学期间的勤奋自学

秋天到了,田里的稻子一片金黄,眼看就要收割了。这时,齐白石正在学《论语》。按照当时农村学堂的规矩,到了秋收的季节,学堂是要放假的,恰好这个时候齐白石又生病了,齐家父母就让他在家休息一段时间。

那一年年底,齐白石的母亲又生了三弟,齐家的收成也不好,几乎穷得没有粮食吃了,而齐白石的祖父也生病了。为了多挣钱,齐白石的爸爸齐贳政到外边干零活去了,家里人手不够用,周氏等到齐白石病好了,就对他说:"现在你长大了,家里这么忙,就先不要上学了,等糊住了嘴再说吧!"

这样,读书不到一年的齐白石就辍学了。

此时的齐白石已经不是一个光会吃饭不会做事的闲汉了,他在家帮着挑水、种菜、扫地、放牛,闲时就带着自己的两个弟弟。他最主要的工作是上山砍柴,砍了柴,不仅自己家里有柴烧了,还可以卖钱,补贴家用。

齐白石最喜欢做的事,就是砍柴。邻居的小伙伴,和他岁数差不多的,一起去山上的有很多,不久,他们便成了很好的朋友。在他和小伙伴砍柴的时候,他又找到了一本祖父记账的旧账簿,把账簿拆开,在这本账簿的背面继续偷偷画画。

齐白石也没有忘记读书,他牢记着外祖父的话,读书是任何地方都可以进行的,也是能够做到的。所以,就算是他在帮着家里做事的时候,虽然一天到晚忙得非常辛苦,他也要抽出时间,把外祖父教过自己的几本书,从头到尾,一遍一遍地温习。

轮到齐白石出去放牛的日子,他的身上都带着一两本书,等牛在山上吃草的时候,他就坐在草地上看书。

放牛回来,吃了晚饭以后,齐白石又坐在油灯下看书。有时候,家里没有钱买油,他找一些树枝来烧,就坐在柴火前面念书。

在学堂念书的时候,齐白石的《论语》还没有读完,回家后,他用空闲时间自己学习《论语》,有不认识的字和不明白的地方,就趁放牛的时候,绕道到外祖父那边去向他请教。

一天,齐白石上山放牛,正好遇到外公。他急忙从牛背上跳下来,取下挂在牛角的书本,把牛拴到树干上,快步走到外公面前,深深地向外公鞠了一躬说:"外公好!"

周雨若笑吟吟地握着外孙的手说:"好好好!"他看着齐白石手中的书,关切地说:"阿芝啊,看你放牛都带着书,不忘读书,外公真高兴啊……"

不等外公说完,齐白石连忙说:"是的,外公,我正读着《论语》呢,只是有很多不懂的地方,我看不明白,所以特意画了记号,今天专门趁放牛的机会绕道过来询问您。"说着,齐白石拿出书,把自己画的记号一一指给外公看。

周雨若和外孙在一旁的石头上坐了下来,开始看齐白石指出的不懂之处。他反复地为齐白石讲解每一个记号的含义、要点,同时,也把每篇文章的大概提示讲给外孙。

在讲解的过程中,周雨若还强调了自己对这些文章的看法和见解,并告诉外孙,不管看什么书,都要有自己的见解,不能因为别人告诉你文章的中心是什么自己就认为是什么。

外公的一番讲解令齐白石茅塞顿开。他静静地听着，不时地点头、提问。

外公把书中的知识讲完了，突然又想起了什么似的，对外孙说："对了，你现在还画画吗？"

齐白石知道外公是不赞成自己画画的，他有些紧张地低下了头，但他又不愿意欺骗外祖父，便不好意思地回答："嗯，我还经常画，我已经改不了这个习惯了。"

齐白石的回答让周雨若大吃一惊，他接着问："啊！你这么大的兴趣？"停了一下，他又若有所思地说："不过，练练也好，以后如果你能够做个画匠也是不错的。"

周雨若继续说："听说过宋代人王冕吗？他也是个穷孩子，放牛的，同你一样，也喜欢画画，并且天天画，天天画，最后成为了一代画师。"

齐白石激动地抬起头来，他聚精会神地听着外公的话，眼睛里放出惊喜异样的神采。他没有想到一向不支持他画画的外公也会这样赞成自己画画，还为他讲了一个穷画家的故事，这令他多么开心啊！

回家后，他更加用心地画画和学习了，这样，过了一段时间，他居然把整整一部《论语》学完了。

有一天，在上山砍柴时，齐白石只顾着看书，忘记了砍柴，到天黑回家时，柴还没砍满一担。吃完晚饭，他又照例趴在凳子上写字，祖母叫住他说："阿芝！你父亲是我的独生子，没有哥哥弟弟，你母亲生了你，我有了长孙了，真把你看作夜明珠和无价宝似的。以为我们家，从此田里地里你父亲有了好帮手！现在你能砍柴了，家里等着烧用，你却天天只管读书，俗语说得好'三日风，四日雨，哪见文章锅里煮？'明天要是没有了米吃，阿芝，你看怎么办呢？难道说，你捧了一本书或是拿着一支笔，就能饱了肚子吗！唉！可惜你生下来的时候，走错了人家！"

齐白石听了祖母的话，知道她是因为家里贫穷，希望这个长孙能够多出些力气，帮助些家用，怕他只想着读书，把家务耽误了。

以后，齐白石上山虽还是带着书去，但总是把书挂在牛犄角上，等捡够了粪和砍足了一担柴之后，再取下书来读。

除了读书之外，齐白石还坚持每天写字，描红纸写完了，祖父又给他买了几本黄表纸订成的写字本子，以及一本木版印的大楷字帖，教他临摹。有了这些东西，齐白石总会抽空写上一页或半页。

齐白石从小体弱多病，每天不仅要帮着家里干活，还要不停地学习。他的祖母担心他的身体吃不消，就为他专门买了一个小铜铃，用红头绳系在脖子上，说是能帮助他逢凶化吉。以后，每次他出门，母亲只要听见铜铃的响声，就知道是他回来了。

母亲和祖母对齐白石的疼爱伴随着他成长，他也在这忙碌的日子中渐渐地长大了。

1874年3月9日，11岁的齐白石迎娶了同乡比他大1岁的女孩陈春君为妻。

在旧社会，中国有一种早婚风俗，就是男孩和女孩在很小的时候，只要经过两家父母的同意，就能让这两个孩子结婚。拜堂以后，女孩就住在男孩家里，帮着男孩家做事。这种先进门的儿媳妇，叫作童养媳。但由于这时男孩和女孩子的年纪都太小，暂时还不能住在一起，家里要等他们都成年了，才会重新找一个合适的日子，让他们正式结婚。

齐白石就这样，还是懵懵懂懂的时候，就成为了一个女孩的丈夫。而齐家也像是了却了一件大事，因为他们毕竟又为自己的子孙新添了一房媳妇，这在农村可是一件了不起的事情，子孙的延续，家族的兴旺都与此息息相关啊！

做木工的岁月

善写意者专言其神，工写生者只重其形。要写生而后写意，写意而后复写生，自能神形俱见，非偶然可得也。

——齐白石

认真琢磨木工技术

1875年端阳节，齐十爷病逝，齐家将家里的所有的积蓄都用来办了丧事，加上这之前曾给齐白石娶媳妇，两件大事加在一起，使齐家的日子显得异常窘迫。

祖父去世后，齐白石突然觉得自己长大了许多，家里的劳动力，除了父亲，就只有他了，作为齐家的长子，他认为自己有义务帮助父亲挑起生活的重担。

当时，齐家田里的农活由他父亲一人承担，可他父亲毕竟精力有限，所以经常显得疲惫不堪。

齐白石小时候身体不好，祖父在世时，他不过是砍砍柴，放放牛，捡捡粪，在家里打打杂，田里的事情，从来没有干过。看着自己的父亲这么劳累，一天，他对父亲说："我的岁数也不小了，让我也学着干田里的活吧！"

父亲齐贳政见儿子这么懂事，便同意了他的要求。

齐白石最先学的是扶犁，由于他身体弱，跟着父亲学了好些天也没有学会。他常常是顾得了犁，却顾不了牛，顾着牛，又顾不着犁。这样来回地折腾，弄得满身是汗，也没有把犁扶好。

齐贳政又叫齐白石跟着他下田，插秧耘稻。

下田插秧的活就是整天弯着腰，在水田里泡，这比扶犁更加辛苦，齐白石一天干下来，累得晚饭都不吃就睡着了。

看着儿子一天天地消瘦下去，他的父母决定不再让他干地里的活了，而是让他学门手艺，以后好养家糊口。

但是，究竟学哪一门手艺呢？齐贳政和自己的母亲以及妻子商量了很久，都没想出一个好的主意。

1877年，齐白石已经15岁了。这年正月，去世的齐十爷的堂弟，齐白石的本家叔祖齐仙佑来到齐家向自己的堂嫂拜年。齐仙佑是一个木匠，被乡里人称作齐满木匠。

齐贳政请他喝酒。在他们闲聊的时候，齐贳政突然想到，如果让这个堂叔收自己的儿子为徒，跟他一起学木匠的手艺，不是一件很好的事情吗？

他试探性把这个想法说了出来。没想到齐仙佑一口答应了下来。齐贳政赶忙把齐白石叫来："阿芝，快给叔公行个礼！"

齐白石上前深深地鞠一躬说："叔公新年好！"

齐仙佑会意地点点头，说："好，好，几年不见，阿芝都长成大人啦！不错不错。"

齐贳政在一旁说："阿芝啊，我已经给你叔公说好了，以后跟着叔公学木匠手艺，你同意吗？"

齐白石看一眼父亲，又看一眼叔公，用力地点点头，懂事地说："如今我已经是一个有家室的人了，学门手艺才好养家，这是再好不过的事了，我还有什么不愿意的呢？"

齐仙佑看着这个聪明、乖巧的孩子，满意地说："好哇，既然这么看得起我，就跟着我干吧！不过，我的这个活可是个又苦又累的活，阿芝你能够吃得消吗？"

不等齐白石回答，齐仙佑就抢着说："我们是穷人家的孩子，什么苦活累活没有干过啊！一定没有问题的。是不是，阿芝？"

齐白石在一旁大声地跟着父亲附和说："是是是！"

这事，就这么定了下来。

几天后，齐家人找了个好日子，齐白石就被父亲领到了齐仙佑的家。他们简单地举行了拜师礼，齐白石就算是齐仙佑的正式徒弟了。

齐白石出生以后，这还是第一次离开家。在师傅身边，他每天都认真地学习量尺寸、画墨线、用锯子、使刨子等木工活计，认真琢磨木工技术。

齐仙佑是个粗木作，又名大器作，盖房子立木架是他的本行，做粗糙的桌椅床凳和种田用的犁耙之类，也不在话下。

这年清明节时，有人请齐仙佑盖房子，他自然就把自己的徒弟齐白石带了去。

谁知，齐白石的力气太小了，他的师傅让他给自己立木架，面对一根大檩子，齐白石不但扛不动，就连扶也扶不起。

齐仙佑的脾气非常暴躁，对徒弟自然也很凶。他见齐白石什么也干不了，就说他不中用，并毫不讲情面地把他送回了家。

齐白石心里很难过，但也没有办法。

大约一个月以后，齐贯政又为儿子找到了第二个师傅。

这也是一位做粗木活的木匠，名叫齐长龄，他同样是齐家的远房本家亲戚。但他为人忠厚老实，性格开朗，对徒弟非常关心，齐长龄看到齐白石力气小，就鼓励地说："别着急，你好好练吧，什么事都是练出来的！俗话说'功夫不负有心人'，这句话是有道理的。"

听了师傅的话，齐白石对学木匠充满了信心，经过反复的练习和实践，齐白石开始随着师傅走村串户地做木工活，他的木工手艺也一步一步地提高了。

时间很快就到了该齐白石出师的日子了。一天，他跟着师傅做完工回来，在乡里的田埂上，远远地看见对面过来3个人。他们肩上有的背了木箱，有的背着很坚实的粗布大口袋，箱里袋里装的，也都是些斧锯钻凿这一类的家伙，一看就知道是木匠。

开始的时候，齐白石看见对方是自己的同行，并不在意。但让他想不到的是，当那3人走近他们时，他的师傅垂下了双手，侧着身体，恭恭敬敬地站在旁边，满面堆着笑意，首先向他们问好。

而那3个人，却高傲地瞅了他们一眼，略微地点了一点头，爱理不理地搭讪着："从哪里来？"

齐长龄连忙答道："刚给人家做了几件粗糙家具回来。"

其中一人带着讥讽的口吻说："赚不少钱啦？"

齐长龄诚恳地回答："哪里会，做粗活一天能挣几个钱呢！"

另一个人说："哟，还带了个徒弟？"他这句问话，包含有轻视的成分，似乎说像齐长龄这样的手艺，不配带徒弟。

齐长龄弯下腰，向他们点点头，回答："嗯，一个小徒弟，刚来，刚来不久。"

没有等齐长龄说完，对方"哦"了一声，便头也不回地走了。

一直到那3个人走了很远，齐长龄才又转身拉着齐白石往前走。

齐白石觉得很诧异，他心想，同是木匠，同样干力气活，难道还有高低贵贱的不同？他好奇地问："我们是木匠，他们也是木匠，师傅为什么要这样恭敬？"

齐长龄拉长了脸说："小孩子不懂得规矩！我们是大器作，做的是粗活，他们是小器作，做的是细活。他们能做精致小巧的东西，还会雕花，这种手艺，不是聪明人，一辈子也学不成的。木匠当中100个也只有几个会做这些细活。我们大器作的人，怎敢和他们平起平坐呢？"

师傅的一番话，说得齐白石心里很不服气，虽然他嘴上不再吭气，但他心里却说："干吗那么神气，你们能学，难道我就学不成！"

齐白石暗自决定，以后一定要去学做小器作的木活。

精心练就雕花工艺

又过了一年，齐白石16岁。祖母见做大器木匠非但要用很大力气，有时还要爬高上房，怕他的孙子干不了。齐白石的母亲也顾虑到，万一手艺没曾学成，先弄出了一身的病来就麻烦了。她们跟齐贳政商量，想叫齐白石换一行别的手艺，就是那种既能照顾他的身体，又能够轻松点的活计。

齐白石把愿意去学做小器木匠的意思，说了出来，他们都认为可以。齐贳政打听到有位雕花木匠，名叫周之美的想领个徒弟，就托人去说，一说竟说成功了。

就这样，齐白石辞了齐师傅，又到周师傅那边去学手艺。

这位周师傅，住在周家洞，离齐白石家也不太远。那年周师傅38岁，尚未结婚，孤身一人过着漂泊不定的生活。

细木雕花的手艺，是受人敬重的。他也因此经常出入于名门望族之家，不过他始终保持农家那种淳朴和厚道的习性。

他的雕花手艺，在白石铺一带是很有名的，他用平刀法雕刻人物，样子栩栩如生，很是受人称赞。

齐白石非常喜欢这个行当，所以学得很用心，而周师傅教得也非常用心。

周之美是个有点性格的人，他对喜欢的人，恨不得掏出心来对待。他见齐白石学得用心，就决定把自己的技艺一丝不留地教给他。

他首先把自己的全套雕花图案让齐白石观看和学习，然后又抽出时间让他临摹。齐白石虽然画过几年画，也看过一些画，但从来没有见过这么精美的仕女、花卉、走兽图案画。他见师傅教他学习这些东西,简直是高兴坏了,自然也学得非常认真。

学会了图案画之后,周之美又为齐白石讲解雕花工艺,从木料花纹的选择、进刀的程序和方法,由浅而深、由简而繁地一一讲述。当齐白石在理论上有所领会后,师傅就让他试刀,从简单的图案到复杂精美的构图布局;从表面的雕削到内部的缕镂,逐步让他掌握雕花工艺各项技术。

在周之美的精心培育下,齐白石正式开始了他的木雕生涯。这是他生命史上的一次重大转折,这次转折为他今后的艺术事业腾飞奠下了第一块基石。

在师傅的尽心传授和自己的勤奋努力下,随着知识的不断积累,艺术修养的不断提高,齐白石天赋的艺术灵性很快就被发掘了出来。

3个月后,齐白石就能独立工作。雕刻刀在他的手中,犹如一个有灵性的神物,一块光洁的木板,随着他的手动刀飞,木屑纷纷扬起,不一会就会绽出一朵朵盛开的鲜花,或飘来下凡的神仙等美丽的图画。

周师傅看见齐白石的进步,觉得这个徒弟比任何人都可爱。他没有儿子,就把齐白石当作亲生儿子一样看待。

他常常对人说:"我这个徒弟,学成了手艺,一定是我们这一行的能手,我做了一辈子的工,将来若想沾着些光彩,就靠在他的身上啦!"

人们听了周师傅的话,都知道周师傅有个有出息的好徒弟,从此找他们师徒俩做活的人就更多了。

按照学小器木匠的行规,学徒学到3年零1个月时就要出师,但齐白石在学徒期间,曾因生病耽误了半年,所以,他在3年后又在周师傅门下多待了半年。

在学徒期间,齐白石肯动脑筋,善于钻研,不仅学会了师傅的平刀法,还改进了圆刀法,这为他以后的艺术生涯起到了决定性的作用。

1881年年底，周之美看到齐白石已经学会了自己的手艺，就让他出师了。

出师是一桩喜事，齐家的人都很高兴。祖母和周氏同齐贯政商量，选了个好日子，让齐白石和他的妻子陈春君正式结婚了。这样，虚岁19岁的齐白石就挑起了一个大男人的重担。

齐白石出师后，因为名气还不大，干活的路子还不广，所以只好仍然跟着师傅干。

在白石铺方圆百里之内，周之美的雕花手艺是非常有名的，找他做活的人很多。齐白石跟着自己的师傅出去干活，自然别人也都知道了周师傅有个徒弟叫阿芝，时间长了，别人都亲切地称齐白石为"芝师傅"。

雕花工匠是计件挣工钱的，做一件家具多少钱都是先跟工匠师傅商量好再干活的，齐白石挣到了钱，一个都舍不得用，全部交给母亲作为家用。

母亲常常说："阿芝能挣钱了，钱虽不多，总比空手好得多。"

母亲虽然嘴上这么说，心里却将全家人的希望都寄托在儿子的身上。

一次，齐白石又给家里送钱，进屋后发现父亲正陪着一个本家叔父聊天，齐白石立即给叔父鞠躬问好。这位叔父对他说："阿芝你回来得正好，我正要请你去给我的一位朋友的女儿做几件嫁妆呢？我可是听说你的手艺可在你师傅周之美之上呀！"

听到这里，父亲齐贯政急忙谦逊地说："哪里，哪里，做徒弟的哪能超过师傅呢？而且，那些功夫都是师傅教的，是师傅教育有方。"

就这样，就算客人单独请齐白石做活，齐家为了不和师傅争生意，也总是要客人先经过周之美同意，然后才让齐白石去接这些活。

在旧社会，农村能做得起雕花家具的，都是家境比较富裕的人家，在白石铺一带，有钱的财主人家是陈家垅胡家和竹冲的黎家。每当他们家里有了婚嫁的事情时，他们都要请周之美师徒俩人去做活。

他们大都是男家做床橱，女家做嫁妆，件数做得很多。有时，周之美若接了其他的活，就叫齐白石一个人单独去。从此，齐白石开始了他的木匠生涯。

齐白石一人常去做活的人家还有他的本家叔父齐伯常的家。

齐伯常名叫敦元，是湘潭的一位绅士，年轻时曾读过书，家里很有钱。齐白石到他家，一般在他们的稻谷仓前做活。

齐白石是一个有头脑、有远见的年轻人，他在干活的同时，总想象着推出新的雕花作品。

在当时，雕花工艺主要是为了装饰，装饰的形式都是固定的，雕花匠所雕的花样是由祖师传下来的一种花篮形式，差不多都是千篇一律的，这些花篮形式，更是陈陈相因，雕的人物，也无非是些麒麟送子和状元及第等一类东西。

齐白石天天雕刻着这些东西，雕来雕去，总是一个样式，一种雕法，不久就开始厌烦了。于是，他就想法换个样子，在花篮上面，加些葡萄、石榴、桃、梅、李、杏等果子，或牡丹、芍药、梅、兰、竹、菊等花木。人物从绣像小说的插图里勾摹出来，都和历史故事有关。还搬用日常画的飞禽走兽、草木虫鱼，加些布景，构成图稿。

齐白石运用脑子里所想得到的，造出许多新的花样，用雕刻刀雕刻出来，这些花样，既新鲜又富有浓郁的民间特点和农家气息，深得乡里人的喜爱，他们常常在空闲时称赞白石铺出了个巧木匠。

齐白石出师前两年，虽然能挣一些钱了，但他们家的经济仍不富裕。他的妻子在家为他料理家务，每天非常辛苦，有时肚子饿了，家里又没有东西可吃，就喝点水充饥。但她的娘家人来问起她的生活，她总是对他们说自己过得很好。齐白石知道这件事后暗下决心，有这么好的妻子，真是自己的福气，我一定要让她过上好日子！

仔细临摹《芥子园画谱》

1882 年，齐白石仍是肩上背了个木箱，箱里装着雕花匠应用的全套工具，跟着师傅出去做活。

一次，齐白石到一个书香门第的家中做活，就住在主人家中，主人看到齐白石做的活不仅雕工精细，而且花样新颖，就问齐白石从小可否念过书。

齐白石老实地回答："读了不到一年。"

主人惋惜地说："唉，像你这么聪明的人，不读书真是浪费啊！"他叹了一口气说："那么，你现在还看书吗？"

齐白石说："看，10 多年来，一直没有间断过。"

主人同情地说："俗话说'自古名士出寒门'，真是一点都不假啊，像三国的董季直，晋代的车胤、孙康，穷得没有油点灯看书，就用萤火、冬雪作照明，终于做出了大学问，看你自己创作出了这么多的雕刻花样，你也算是一大奇才啊！"

听主人这样夸奖自己，齐白石有些不好意思了，他谦虚地说："我哪能和他们相比呢？"

主人话题一转，又问："我看你雕刻得这么好，想必你的画画功夫也一定不错，难道你小时候学过画画？那么你的师傅是……"

齐白石回答："会画一点，但都是我偷偷学画的，没有拜过师傅，因此画功不怎么样呢！"

主人感兴趣地问："哦，那你现在还画画吗？"

齐白石害羞地抓抓脑袋，笑着说："嗯，一直没有停下，我画画简直可以说是上了瘾，几天不画，我的手就痒痒。"

停了一下，他又收起笑容，严肃地说："现在学雕花，就更需要画了，有时我看到了新的花样，就先把它们记在心里，再学着画出来，然后再练习雕刻。"

主人点点头说："哦，原来是这样。"他想了想说："芝师傅要是喜欢读书，我的书房倒是有些书。对了，你还可以直接住在书房，在书房作画也很方便。"

主人把齐白石带进了家里的书房。这是一间布置得十分素朴雅致的屋子，房间虽然不大，但充满着浓浓的书香气息，两个大书架上，摆放满了各种线装书，临窗还放着一张大大的书桌，齐白石看着有这样的好房间，心里非常感动。

此后，齐白石在主人家白天干活，晚上就伏案看书。主人的大书架上不仅有《史记》《汉书》等二十四史，还有唐宋名家的文集诗集，以及其他很多连齐白石听都没听说过的书，他能有这样的机会看到这么多的书，心里真是有说不出的高兴。

在这家主人家干活的日子里，齐白石从这一本翻到那一本，从这一架翻到那一架，挨次翻下去。他知道自己在这里的时间不多，读不了这么多的书，于是，他把自己认为好的书，想读的书，一本本记下来，以备将来查找。

一天晚上，在翻阅第三架时，齐白石发现书架的最上面，有一包用纸包着的书，开本似乎比其他的要大一些。显然主人保护得很精细，肯定是珍本或善本。

他搬来凳子，登上取了下来，拂去上面的灰尘，小心翼翼地打开来，里边是厚厚的3本书，黄色的封面上，朱红色的线框内，端端正正地书写着5个大字：

芥子园画谱。

《芥子园画谱》是以清初名士李笠翁的金陵别墅芥子园为名命名的。它是李笠翁的女婿沈心友根据家中原有的一卷李长蘅画的43页山水画稿，再请山水画名家王安节花了3年时间整理，最后增加到133页，并于1679年用木刻的方式精刻成书的。

在沈心友的制书过程中，由于得到了他的岳父的大力帮助，所以他以岳父的别墅命名，这就是《芥子园画谱》第一集。

之后，沈心友又请清代杭州名画家诸曦奄编画"兰竹谱"，请王蕴奄编画"菊及草虫花鸟谱"。由王安节、王安草、王司直兄弟三人经过十多年的斟酌增删，写了学画浅说，于康熙四十年刻印行世，这是《芥子园画谱》的第二集和第三集。

后来，书商又把民间流传的丁鹤洲编的《写真秘诀》等画谱汇集，假冒《芥子园画谱》第四集行世。

在我国的画坛上，这是一部流传广泛、影响深远的画谱，它把山水画的各种技法加以归纳和分析，并附录临摹了各式画样40多幅，里面有"树谱""山石谱""人物屋宇谱""兰谱""竹谱""梅谱"等多种物体的画法，是一本学画者不可多得的启蒙画册。

在齐白石出生后的同治年间，我国的印刷条件有限，能够买得起画画书籍的人很少，像他这样的普通老百姓则更是见不到这种珍贵的画册。

齐白石见到的这套《芥子园画谱》，是清朝乾隆年间刻印的，用的是开化纸、木刻板，五色套印，极为精美，遗憾的是，这部书并不完整，只有前三集，没有第四集。他从来没有见到过这样详细介绍作画的书籍，真是欣喜若狂。

这部画谱讲解了从作画的第一笔开始，一直到全幅画画成的全过程。对用墨着色的浓淡、深浅、先后、远近、配合和渲染之法，都有十分详尽的叙述，为初学者提供了难得的入门之法。

书中所说的分宗、重品，六要六长，三病、计皴、释名、触变等等，都是齐白石听都没有听说过的，他将画谱仔细地看了一遍，觉着自己以前画的东西，存在的问题实在是太多了：画的人物像，不是头大了，就是脚长了，画的花卉，不是花肥了，就是叶瘦了。

齐白石真想将书中的每一幅画都画上一遍。虽然主人的案上摆着砚台、宣纸和笔，但齐白石却一件也没有动，因为这是主人家的，齐白石从来不随便使用别人家的东西。

齐白石真后悔自己没有带纸笔来，不能将书中的画临摹下来，他便只好尽情地、静心地看起《芥子园画谱》，一边看，一边用手在一边比画着。

有了这部画谱，齐白石好像是捡到一件宝贝，他想将画画的技术从头学起，但是他又想：这画谱是别人的，不能久借不还，如果买新的，自己的家乡也没处买，省城长沙也许有，但恐怕也是自己买不起的。

于是，当主人家的活做完的时候，齐白石决定先跟画谱主人借，再用自己早年勾画雷公像的方法，先勾画下来，再仔细琢磨。

借来了书，齐白石回家就与母亲商量，在自己挣来的工资里，拿出些钱，买些薄竹纸和颜料毛笔，在晚上收工回家的时候，用松油柴火为灯，一幅一幅地勾画。

周氏爽快地同意了儿子的要求。第二天，齐白石跑到镇上，买来了材料，从回家的当天晚上开始，就从画谱的第一页开始勾画起来。

他先勾画树，从"二株分形""二株交形""大小二株法"，一直勾画到"树中衬贴疏枝法"，整整勾画了十几幅。一直勾到母亲敲门，让他早点睡，他才放下手中的笔。

齐白石勾画得十分认真、十分精细，勾勒出来的作品，十分逼真，当他勾画完了画谱的所有图画后，他便开始为每一幅画上色。

他依着原样，找相应的颜色往上填。但是，上色却不是一件容易的事。他读了书上关于上色的论述，潜心地揣摩了好久，调好颜色，然后，对照着原图，一笔笔地填了起来。

这样，齐白石先勾画图样，再为图样上色，一直用去了他半年多的业余时间，把借来的这部《芥子园画谱》终于像模像样地临摹了下来。

他把这些画，按照原来的样子，装订成16本，自己还精心地为它设计了一个封面，看上去就像一本真书一样。

这是齐白石在他青年时代进行的一次最大规模的绘画实践，虽然在当时还很难看出这对他一生事业的深远影响，但是，有了这套书，使齐白石雕花的技巧跃进到一个新的阶段，画谱为他开拓了一个崭新的境地。

以后，他为别人介绍自己的画画生涯时，常常向人介绍说："我的绘画启蒙就是一本《芥子园画谱》。"

有了这个画谱，齐白石一有时间就照着图像临摹，将这套画谱从头到尾地临摹几遍，直到以后不用看图，也能准确地画出花鸟人物等，他还把这些图像应用到雕花工艺中去，使雕出的东西更加好看。

渐渐地，专门请他雕花的人越来越多，他的名声也越来越大。

这一时期，是齐白石的绘画技术不断走向成熟的一个重要时期。

抓住学画的好时机

1883年,齐白石的妻子春君为他生下一个女儿,取名菊如。做了父亲的齐白石明显感到自己肩上的担子变得沉重起来,他除了干雕花木匠的活之外,还开始为乡亲们画神像以补贴家用。

他白天做雕花木活,夜晚画神像,随着他的木工手艺和绘画手艺的提高,他已经能够用这两门技术作为他的养家之本了。

在此后的四五年里,齐白石的画同他的雕花手艺一样,被越来越多的人认可。人们一传十,十传百,方圆几十里只要是写字画画,大部分人都会想起他。他们找他时,有的自己拿纸来,有的则给酬金。

齐白石的祖母已经77岁的高龄了,她看着自己的长孙一天一天地走向成熟,心里真是比吃了蜜糖还要高兴。

这时,齐白石的三弟纯藻也已经18岁了,为了多挣钱贴补家用,他托了一位远房本家名叫齐铁珊的,把自己荐到一所道士观中,给他们煮饭打杂。

齐铁珊是齐伯常的弟弟,是齐白石的好朋友齐公甫的叔叔,齐铁珊那时正和几个朋友在道士观内读书。

齐白石常到道观找弟弟,自然也就和齐铁珊经常一起闲聊。对齐白石为乡亲画神像的事,齐铁珊是听说过的,每次见了齐白石,他总是问白石:"最近又画了多少?画的是什么?"

有一次,他对齐白石说:"萧芗陔快到我哥哥伯常家里来画像了,我看你何不拜他为师!画人像,总比画神像好一些。"

齐铁珊口中的萧芗陔,名叫传鑫,芗陔是他的号,住在朱亭花钿,离齐家有100公里远。他是纸扎匠出身,但通过自己发愤用功,把经书读得烂熟，还会作诗画像，是湘潭第一名手，他最擅长画山水人物。

齐白石早就听说了这位萧芗陔的大名，只是没有见过，对他能在贫寒凄苦之中搏击不息，终于成为绘画高手这一点，齐白石十分钦佩，他很想早点见到这个人。

几天后，萧芗陔来到了齐伯常家。齐铁珊托人给齐白石捎信去，要他前来拜见。

这天早上，吃过早饭，齐白石带着前晚画好的一幅李铁拐的像，来到了叔父家。

一进门，齐白石见到萧芗陔，上前一步，深深一鞠躬，说道："晚生齐纯芝拜见先生！"

萧芗陔赶紧还礼，十分谦虚地说："不敢当，不敢当，久闻大名，今日得见，三生有幸。"

齐公甫招呼大家入座，萧芗陔面朝南，与齐白石相向而坐，齐铁珊和齐公甫叔侄等人在左右陪坐。

萧芗陔慈祥地问："今年多大岁数了？"

齐白石回答说："26岁了。"

萧芗陔又问："学了几年画啦！"

齐公甫笑着赶忙插嘴说："他啊，早在枫林亭学馆时，就画上了。那时几岁？"他问齐白石。

齐白石不好意思地答道："7岁。不过，那时还小，只是胡乱画的，算不上画。"

齐公甫见白石那么谦虚，又插嘴说："也不能说是胡乱画的，他画的第一张画是雷公爷呢！这孩子从小就喜欢画画，一直自学了这些年。"

萧芗陔仔细地听着，不时点点头，说："嗯，不错，做任何事兴趣是最要紧的。"

齐白石把带来的画双手送到萧芗陔的手中说:"先生请看,这是我听说先生要来,特意连夜赶画的,请先生指教。"

萧芗陔接过画,走到画案前,把画平展在案面上。齐铁珊、齐公甫叔侄和齐白石也跟着走过去。

萧芗陔的双眼,发出炯炯光芒,在画的上下左右不住地扫描,一言不发。

齐白石静静地等待着,铁珊和公甫相互交换着眼色,偷偷地一次又一次地察看萧芗陔的表情,迫不及待地企图从他的表情中,捕捉他的内心思维,获悉他对齐白石的印象。

几分钟的工夫,只见萧芗陔神采飞扬,先是颔首微笑,继而乐哈哈地用手抚摸着胸前的花白长须。这是他高兴时的习惯动作。每当他有得意之作,他就以这种特有的表达感情方式,显示自己的喜悦与欢快。

这时,萧芗陔终于开口了:"画得不错,有功力。尤其是这平阶梯形的云皱,从上到下,这地方飘动挺拔,到这里又粗犷豪放,信手挥洒,一气呵成,运笔、起笔、拔笔都见功力。"他比画着,叙说着自己的看法。

"不过……"萧芗陔开始指出这幅画的缺点了,他故意把"不过"拉得很长,好像是在想着应该怎么来表达自己的意思,他指着画上的一个部位说:"这脸部肖像有点一反传统的画法。你为什么要这么画呢?"他侧身望着齐白石。

齐白石思索了一下答道:"先生,是不是李铁拐只能画成传统的那样?可是,谁也没见过他啊?"

听了齐白石的观点,萧芗陔对这个年轻人的大胆提问很感兴趣,他大笑一声说:"说得好!神仙,谁见过?不过是人想象出来的,你的想法很新颖嘛,这很好,很好!"

齐铁珊见萧芗陔如此欣赏齐白石和他的画,便顺水推舟地提议说:"敢问萧先生,可否愿意收小侄纯芝做您的门人?"

齐白石一听,赶忙走到萧芗陔面前,恭敬谦顺地将萧芗陔拜了又拜,说:"但愿先生不弃,学生仰慕已久。"

萧芗陔高兴地握住齐白石的手连连摇头说:"不敢、不敢,天下名师林立,我一个纸扎匠出身的人,哪敢收你这样的高足为门生呢!实在是担当不起啊。"

齐铁珊急忙插话说:"萧先生就不要再客气啦!"

萧芗陔想了想说:"既然你们这么看得起我,那就算是我三生有幸了。"

齐铁珊等人高兴地跳了起来:"那就举行拜师礼吧!"说着,齐铁珊指指房间正堂孔圣人牌位说:"就在孔夫子面前拜师吧!"

萧芗陔连忙摆摆手说:"别急,别急!所谓读书人的先圣是孔夫子,木匠的祖师是鲁班,而画苑的鼻祖却是吴道子。"他挽起袖子,在画案上找了一杆毛笔说道:"待老朽画幅吴道子,挂起来,再行拜师仪式,何如?"

阿芝兴奋极了,高兴地说: "先生如此厚意,弟子将来定当重报。"

萧芗陔说:"报不报无所谓,只要能为中国画苑增添新的光彩,就是最好的报答。"

说着,他展纸、提笔,胸有成竹地在纸上运笔,简洁的几个曲线勾勒,纸上出现了一个栩栩如生的头部。接着,几笔飘动的线条挥洒,人物的身体、衣服出来了。

萧芗陔放下笔,左右看了一下,又提笔在头发上加了几点,然后嘱咐齐公甫将画挂在北面的墙上。

这就是吴道子——萧芗陔笔下的画圣了。在萧芗陔的指导下,齐白石在吴道子的画像前行了拜师礼。

萧芗陔对齐白石很器重,他把自己珍藏多年的马远、吴镇、方壶、徐青藤、石涛等许多历代名家的摹写画本，拿给齐白石学习。他知道齐白石从未曾得到过行家的指点，缺少绘画的基础知识，就从画笔的选择与使用、墨与颜料的调制和性能的掌握等讲起，并把自己的拿手本领都教给齐白石。

萧芗陔讲得最多的就是关于绘画需要传神的问题。他常常告诫齐白石："作一幅好画，不仅要求形似，而且要求传神，同样的一幅画，画中人物的神情才是画的灵魂，只有把人物的灵魂抓住了，你才能画好画。"

齐白石认真地记下师傅说的每一句话。自从拜萧先生为师后，他深深地感到，自己过去10多年画画，只是学了些皮毛，直到这时，他才在画画上找到了门径。

萧芗陔还介绍他的朋友文少可和齐白石相识。

这文少可家住在小花石，也是个画像名手，他对齐白石非常热情，把自己多年积累的画画经验都传授给齐白石。齐白石也很佩服文少可，但是没有拜他为师。

齐白石从这两位前辈中学到了很多东西，通过二位的点拨，他不仅对于人物画中的传神画法有了深刻的认识，而且还对中国人物画的发展和名家绘画的手法，也都有了比较深刻的了解，这些知识使他在画人物形象这个方面有了很大的提高。

齐白石在跟着萧芗陔和文少可二人学画的同时，也还要到附近的乡里为人雕花挣钱，以养家糊口。

这年冬天，齐白石到赖家坨衙里去做雕花活。赖家坨离齐家有40多公里，路程有点远，齐白石晚上就住在主顾家里。

赖家坨在佛祖岭的山脚下，那边住的人家，都是姓赖的。"衙里"是湘潭家乡的土话，就是聚族而居的意思。

齐白石白天给人雕花，晚上就着灯盏，练习画画。一天，他在房间里练习画画的时候被主人看见了，主人看了他的画惊讶地说："芝师傅不光会画神像,花鸟也画得很生动啊!"

第二天,赖家人又请他画些女人绣花鞋头上的花样和门神画。没过几天,齐白石花雕得好,画更画得好的消息在赖家垅的妇女中间传开了,一时间,来赖家求画的客人络绎不绝。

这时有个人说:"我们请寿三爷画个帐檐,往往要等一年半载都画不出来,何不把我们的竹布取回来,请芝师傅画画呢?"

村民们口中的"寿三爷"是杏子坞的一个绅士马迪轩的姐夫,名叫胡自倬,号沁园,又称汉槎。此人性情慷慨,喜欢交朋友和收藏

名人字画,他自己能写汉隶,会画工笔花鸟草虫,诗也作得很清丽。

这寿三爷家住在离赖家垅不过两公里多地的竹冲韶塘,那里住的都是当地有名的财主,齐白石不想与这些有钱人有太多的高攀,也就没有将乡亲的话放在心上。到了这年年底,他的雕花活还没有做完,就先回家过年去了。

1889年,齐白石27虚岁了,过了年,他仍到赖家垅去做活。

有一天,齐白石正在雕花,赖家的主人找到他说:"寿三爷来了,要见见你!"

赖家人对齐白石解释说,虽然寿三爷也住在韶塘,但他这个人,提倡风雅,交游甚广,景况并不太富裕,他的人品很高洁。在他家附近,有个藕花池,他的书房就取名为"藕花吟馆"。

寿三爷时常邀集朋友在"藕花吟馆"内举行诗会,人家把他比作孔北海,说是:"座上客常满,樽中酒不空。"

听着主人的介绍，齐白石就礼貌地与寿三爷相见了。

见了寿三爷，齐白石照家乡规矩，叫了他一声"三相公"。

寿三爷也很客气，对他说："我是常到你们杏子坞去的，你的邻居马家是我的亲戚，常说起你，说你人很聪明，又能用功。只因你常在外边做活，从没有见到过，今天在这里遇上了，我也看到你的画了，很可以造就！"

一见面，寿三爷就喜欢上了齐白石，他仔细地询问了齐白石的家境情况，并问他愿不愿再读书和学画画。

齐白石回答说："读书学画，我是很愿意，只是家里穷，书也读不起，画也学不起。"

寿三爷说："那怕什么？你要有志气，可以一面读书学画，一面靠卖画养家，也能对付得过去。你如愿意的话，等这里的活做完了，就到我家来谈！"

齐白石见寿三爷对自己很诚恳，异常兴奋地说："一面读书学画，一面卖画养家，这是多好的一条道路啊！"他怀着十分感激的心情，向寿三爷深深地鞠了一躬，算是同意了对方的要求。

这次意外的会见，应该说是齐白石人生的一个新的转机。他当时做梦也没有想到，这对于他以后的人生道路和艺术生涯，会具有多么重大的意义，寿三爷对齐白石的赏识和帮助为造就我国近代艺术史上一枝瑰丽的奇葩奠定了基础。

在赖家垅的雕花活完工之后，齐白石回到家中，与父母商量学习的事情。此时的齐家仍然很穷，但是他的父母很有远见，他们觉得儿子这个学习的机会来之不易，便同意齐白石一边学习一边养家的决定。

几天后，齐白石带着自己的换洗衣服，背着文房四宝，就去了韶塘胡家。

那一天，正是寿三爷请朋友诗会的日子，到的人很多。寿三爷听说齐白石到了,很高兴,当天就留他同诗会的朋友们一起吃午饭,并介绍齐白石见了他家延聘的教读老夫子。

这位老夫子,名陈作埙,号少蕃,是湘潭地区的名士,学问很好,他家住在上田冲。

吃饭的时候,寿三爷问齐白石:"你如愿意读书的话,就拜在陈老夫子的门下吧!不过你父母知道不知道?"

齐白石说:"父母倒也愿意叫我听三相公的话,就是穷……"

话还没说完,寿三爷拦住了他,说:"我不是跟你说过,你就卖画养家!你的画,可以卖出钱来,别担忧!"

齐白石又说:"只怕我岁数大了,来不及。"

寿三爷回答:"你是读过《三字经》的!唐宋八大家之一的苏老泉,从27岁起才开始读书,你今天也才这个年纪,何不学学他呢?"

陈老夫子也接着说:"你如果愿意读书,我不收你的学俸钱。"

同席的人都说:"读书拜陈老夫子,学画拜寿三爷,拜了这两位老师,还怕不能成名?"

齐白石说:"三相公栽培我的厚意,我是感激不尽。"

寿三爷说:"别三相公了!以后就叫我老师吧!"

就这样,吃过午饭,按照老规矩,齐白石先拜了孔夫子,再拜了两位老师,正式成为了胡沁园和陈少蕃的学生。

改行绘画谋生

画家不要以能诵古人姓名多为学识,不要以善道今人短处为己长处。总而言之,要我行我道,下笔要我有我法。

——齐白石

持之以恒读书学画

拜师之后，齐白石就在胡家住了下来。

胡沁园是书香门第，他教育子侄外甥和家人不得对齐白石有任何怠慢和冷落的表现，并准备了15担谷和300两银子，叫了几个力夫送到他家，为学生解除了后顾之忧。

为便于齐白石将来作画题诗，胡沁园决定给齐白石重新取个名号，他对陈少蕃先生说："按照老习惯，在授课前需要给纯芝取个名和取个号，是不是取个璜字，斜王旁的璜。"

陈少蕃说："好，有意思，半璧形的玉，取个什么号呢？"

胡沁园说："你看，濒生如何？"

"不错，湘江之滨生，湘江之滨长。"

胡沁园说："画画恐怕还要取个别号。纯芝的家离白石铺近，就叫白石山人吧！"

从此，"齐白石"这个名字，伴随着他辉煌的艺术生涯，传遍了祖国大江南北，传遍了五洲四海。

为齐白石取好了名号，陈少蕃对齐白石说："你来读书，不比小孩子上学馆了，也不是考秀才赶科举的，画画总要会题诗才好，你就去读《唐诗三百首》吧！这部书，雅俗共赏，从浅的说，入门很容易；从深的说，也可以钻研下去。俗语常说，熟读唐诗三百首，不会作诗也会吟。这话不是完全没有道理的。诗的一道，本是易学难工，你能专心用功，一定很有成就。常言道'有志者，事竟成''天下无难事，只怕有心人'，你到底能不能学会，就看你有没有心学了！"

从那天起，齐白石开始读《唐诗三百首》了。他由于小时候读过

《千家诗》，有一定的基础，而且，不少的诗，他早就会读和会背了，所以这次读唐诗，就不那么费劲。不过要真正体味诗中的意境、情趣、寓意，了解它的创作背景和典故的出处等，可就不容易了。

每天早晨天刚亮，他就悄悄来到花园池边的柳荫下，轻轻地诵读诗句。这是一天里脑子最清醒的时刻。早饭后到下午，他回到屋里，就默写诗句，并练习写字。到了晚上，他又开始作画到深夜，几乎每天都如此。

就这样，两个月过去了，胡沁园听到陈少蕃说起齐白石的学习情况非常满意。这天，他想亲自检查一下，方法当然就是抽查背诵唐诗。

齐白石把书轻轻地放在桌上，站在两位老师的面前。陈少蕃示意他坐下，问："让你背的唐诗学会几首了？"

齐白石胸有成竹地答道："都会背了。"

陈夫子微微一震，说："那你随便背两首。"

齐白石机灵地转动了一下眸子，顺口背出了韩愈的《山石》、柳宗元的《渔翁》和孟郊的《游子吟》。他那清亮的吐字，抑扬顿挫的声调，饱含着感情色彩的诗意表达，深深地感动了两位老师。

两人交换了一下眼色，陈少蕃说："白居易的《长恨歌》会背吗？"

齐白石点点头，随即流畅地、感情浓烈地背了下来。

胡沁园很满意，他站起来，亲自取过紫砂壶，倒了一杯芳香四溢的茶，递给齐白石："来，濒生，喝口茶润润喉，再背一首刘长卿的

《自夏口至鹦鹉洲夕望岳阳寄元中丞》如何？"

齐白石接过茶杯，一饮而尽，一字不差地将刘长卿的诗背完。

陈少蕃听完，随口吟出："明月出天山，苍茫云海间。"

齐白石立即接上："长风几万里，吹度玉门关……"他一口气将这首诗的后半部都背了出来。

胡沁园说："嗯，背得不错，你可知道这是谁的作品呢？"

齐白石笑笑说："李白的《关山月》。《关山月》是乐府中《横吹曲》之名。"

齐白石刚回答完，胡沁园的考题又来了："故园东望路漫漫，双袖龙钟泪不干。"

齐白石再次接上："马上相逢无纸笔，凭君传语报平安。"说完，他继续说："这是唐代著名边塞诗人岑参创作的一首七言绝句《逢入京使》。"

胡沁园高兴得大笑起来，连连称赞道："濒生学得真好啊！"

齐白石诚恳地说："是陈先生教得好，教法好，他把每首诗都给徒儿讲了读，读了背，背了写。徒儿每读熟一首，就明白一首诗的道理，这样背诵起来就容易多了。"

陈少蕃为有这么勤奋的学生而感动，也为齐白石的天资而惊讶，他对齐白石说："你的天分，真了不起！"

《唐诗三百首》读完之后，齐白石又接着读了《孟子》。少蕃老师还叫他在闲暇时，看看《聊斋志异》一类的小说，并时常给他讲讲唐宋八大家的古文。齐白石觉得这样的读书，真是人生最大的乐趣了。

在跟陈少蕃读书的同时，齐白石又跟胡沁园学习画画，主要学的是花鸟草虫类的绘画。

教齐白石学画是在胡家前院邻近胡沁园书房的一间宽大屋子里。这间房子，除了胡沁园夫人、长子和陈老夫子外，轻易不让人进去，胡沁园把钥匙交给了齐白石，向徒弟敞开了大门。这件事，使齐白石感激不已。

开始学画的第一天，胡沁园早早来到画室，由陈少蕃陪着。按照老师前一天晚上的嘱咐，齐白石不用带一件画具，空着手来，因为胡沁园早已为他准备了一套画具。

在画室的进门处，摆着一幅雕刻得十分精美的楠木屏风，齐白石仔细看了一下刀法，认出这是自己的师傅周之美所作。

画室前后都有窗，光线充足，宽敞明亮，中间摆着一张宽大的漆得乌黑发亮的画案，上面铺一块深绿色绒毯，桌上两端是笔墨砚池、笔洗和大大小小的色碟。西边靠墙并排放着几个装满画轴、宣纸的书柜，南窗上一盆葱郁的兰草，蓬蓬勃勃，散发着诱人的幽香。一切显得十分大方、淡雅、古朴。

等齐白石落座后，胡沁园对齐白石说："上画课得先从工笔开始，这是基本功，要训练线条勾勒，准确流畅，无论是粗线条细线条，粗细交错，变化转折，要交替运用，渐渐会形成不同的风格，画得好不好，或简拙朴质，或奔放活泼，或纤细，或粗犷，都是灵巧地运用线条的结果，没有线条就没有画。这是国画的基本功。"

胡沁园又说："石要瘦，树要曲，鸟要活，手要熟。立意、布局、用笔、设色，式式要有法度，处处要合规矩，才能画成一幅好画。"他把珍藏的古今名人字画，叫齐白石仔细观摩，从中间吸取精华。

齐白石本来就对绘画有着浓厚的兴趣，在老师的指点下，他更是如饥似渴，废寝忘食地学习和练习着，几个月下来，他虽然人瘦了，但他在绘画上却有了很大的进步。

之后，胡沁园又介绍了一位谭荔生先生，叫齐白石跟他学画山水。

这位谭先生，单名一个"溥"字，别号瓮塘居士，是胡沁园的朋友。齐白石常画了画后拿给胡沁园看，谭先生都给这些画题上诗。他对齐白石说：

"你学学作诗吧!光会画,不会作诗,总是美中不足。"

听了谭先生的话,齐白石从学诗中努力提高自己的文化素养,培养自己的想象力和创作力,为以后写诗打下了基础。

转眼就到了一年一度的诗会,那时正是3月的天气,藕花吟馆前面,牡丹盛开,胡沁园邀了几个朋友在他的书房赏花赋诗,并叫自己的徒弟齐白石也加入进来,白石放大胆子,作了一首七绝诗,但又不敢直接念出来,他偷偷写好交给老师。

胡沁园看了齐白石的诗,面带笑容地点着头说:"作得还不错!有寄托。"说着,他念道:"盛名之下岂无惭,国色天香细品香。莫羡牡丹称富贵,却输梨橘有余甘。"

胡沁园念完后又评价说:"这后两句不但意思好,十三覃的甘字韵,也押得很稳。"

胡沁园刚一说完,他的诗友们也都围拢上来,大家看了,都说:"濒生是有聪明笔路的,别看他根基差,却有灵性。诗有别才,一点儿不错!"

胡沁园说:"盛况难再,是不是还要濒生画幅画,助助兴。"

齐白石回答说:"试试吧!"

10分钟后,一枝傲霜斗雪的蜡梅出现在宣纸上。这是齐白石拜师后的第一幅画,表现得是那么有诗情画意,又获得一阵阵掌声。

有人提议胡沁园题上款以作留念。胡先生挥笔写下七言诗:

藕池相聚难逢时,丹青挥洒抒胸臆。
寄意蜡梅传春讯,定叫画苑古今奇。

齐白石第一次作诗,就得到了老师的称赞,这是他没有想到的,从此,他更加努力地去摸索作诗的诀窍。

一边学习一边创新

　　这年农历七月十一日,齐白石的妻子春君又为他生了个男孩,这是他的第一个儿子,齐白石为孩子取名良元,号叫伯邦,又号子贞。

　　此时,齐白石住在胡家读书学画,他自己有吃有住,倒是很好,但他知道自从自己的儿子降临后,齐家本来就困难的日子更加艰难了。

　　这时,他虽然还是抽空为人雕花挣钱,但干雕花手艺,是很费事的,每一件作品总要雕刻好长时间,这样一来,其他的事就什么也干不成了。万般无奈之下,齐白石想起了胡沁园原来告诉他的"卖画养家"的话,他觉得画画比雕花更省事,便开始向这方面着手。

　　在旧社会,人们还不知道什么是照相,长辈们要想让自己的后人记住自己的形象,就请画师为自己画像留念。

　　那时候,画像这一行手艺,生意是很好的。画像,在湘潭地区叫作描容,是描画人的容貌的意思。有钱的人,在生前总要画几幅小照玩玩,死了也要画一幅遗容,留作纪念。齐白石以前的萧芗陔和文少可两位师傅就是干这行出身的,他们也教会了齐白石这行手艺,只是齐白石还从来没有给人画过。

　　齐白石听说画像比画别的更赚钱,就想改行干这一门营生,他想先将此事征求老师的意见,便对胡沁园说:"先生您看,现在许多人家时兴描容,我跟萧老师和文老师学过一点这种手艺,我想先干这一行好吗?"

　　胡沁园稍作思索后说:"我看可以,现在画像的收入确实比画别的要好,这样可以多接济点你家里,这是好事啊!"

胡沁园明白齐白石的意思，就到处给学生找客户。

在胡沁园的引荐下，齐白石首先为一位长须飘拂、童颜鹤发的70岁的长者云山居士画像。

云山居士像打坐似的，端端正正地坐到太师椅上，一动也不动，静候着齐白石画像。

齐白石一边观察老人的面庞特征，一边在纸上勾画。

半个时辰过去了，他画好了头部，微笑着对居士说："请师傅休息一下，活动活动，我再接着作画，好吗？"

云山居士起身走到画案前，只见纸上的画像同自己一模一样，不禁赞叹说："还没画完，就已经如此像了！"接着，他惊奇地问："你画人像多久了，居然有这么好的技术！"

没等齐白石开口，一旁的胡沁园就颇有些得意地说："老先生是小徒正式给人画像的第一位。"

云山居士惊喜地称赞："真不愧是名师出高徒，第一幅，就画得这么好，了不起啊！"

胡沁园赶紧说："我这小徒家境贫寒，想靠这行混口饭吃，还仗仁兄多多提携。"

云山居士高兴地说："这个没有问题，如此高手，你就是不让我传扬我也得传扬呀！"说着，两人都笑了起来。

齐白石又请云山居士回到座位上，他根本没注意这两位长者的说话，而是一心注意观察老人的神态去了。当老人重新坐好后，齐白石又继续作画了。

到傍晚时分，一张高三尺多、宽两尺多的巨幅画像完工了。

云山居士看了看自己的画像，满意地对胡沁园说："好好好！画得真是太好了，沁园兄，真是恭喜你收了如此高徒啊！"

接着，他又对胡沁园说："沁园兄，你的高徒，我要带走几天，让他替我母亲画一张，再为老妻画一张，如何？"

胡沁园不住地点着头说:"仁兄这样看重,小弟实在感激不尽。"他扭头问齐白石:"那么,濒生,你自己的意思呢?"

齐白石向着二人深深一鞠躬,说:"两位老师的提携,濒生终生难忘。"

此后,韶塘附近一带的人,都来请齐白石去画像,每画一张像,人家就送他一二两银子。

在旧时的湘潭,新丧之家,妇女们穿的孝衣,都把袖头翻起,画上些花样,算作装饰。这种零碎玩意儿,更是画遗容时必须附带着画的,齐白石也总是照办了。

后来,齐白石又琢磨出一种精细画法,能够在画像的纱衣里面,透现出袍褂上的团龙花纹,其他人都说,这是他的一项绝技,建议他多收钱。于是,齐白石就在画这种细画的时候,定为收4两银子,从此,齐白石扔掉了斧锯钻凿一类家伙,改了行,正式走上了卖画养家的道路。

从1890年到1894年,5年的时间里,齐白石一边卖画,一边刻苦学习。在他刚开始画像的时候,他的家景还是不很宽裕,常常为了灯盏缺油,一家人晚上都舍不得点灯。

后来,他画的画得到了越来越多人的认可,他的名声也一天比一天大,找他画画的人也越来越多。齐白石画了几年,附近百来里地的范围都差不多跑了个遍。他的生意越做越多,收入也越来越丰,齐家靠着白石的这门手艺,生活渐渐有了转机。

母亲和妻子的脸上有了笑容,齐白石的祖母高兴地对孙子说:"阿芝!你倒没有亏负了这支笔,从前我说过,哪见文章锅里煮,现在我看见你的画,是在锅里煮了!"

齐白石听了祖母的话,就画了几幅画,挂在屋里,又写了一张横幅,题了"甑屋"两个大字,意思是"可以吃得饱啦,不至于像以前锅里空空的了"。

此时的齐白石已经不光是画像,一些山水人物和花鸟草虫,他也画了不少,尤其是仕女图,他是画得最多的。他画的西施、洛神、文姬归汉、木兰从军等画,画得美妙绝伦,赢得了人们的一片赞叹。当地人还给他取了一个绰号叫"齐美人"。

胡沁园对齐白石的培养,可谓尽心尽力。他看到齐白石学什么,像什么,既学得好,又学得快。还看到齐白石卖画养家,已有收获,便又想介绍齐白石学习裱画。

当时的湘潭,还没有裱画铺,只有几个会裱画的人,在四乡各处走乡串户地为人裱画,齐白石之前的老师萧芗陔就是其中一人。

裱画是个古老的行业,这一行的艺人,一般裱新画没问题,但要揭裱旧字画,没有多年功夫,就难以应付了。

一天,胡沁园亲自把萧芗陔请到家里,对齐白石说:"濒生啊,我想让你跟萧师傅学学裱画,好吗?"

齐白石高兴地点头,还没等他答话,胡沁园又若有所思地说:"这裱画可是一门技术。学会了,裱裱自己的东西,不求人,方便。同时,也可以给别人裱画,增加一点收入,算是副业。你看好吗?"

老师事事为自己着想,使齐白石感动不已,他有所顾虑地说:"就是家里穷,没有那么大的地方,一切用具都要买,花不起。"

胡沁园爽快地说:"工具的事你就不要操心了,由我来办吧,就这样定了。"他又若有所思地说:"这样一来,我还想让我儿子仙甫跟他学,你们两个就有了伴了。"于是,齐白石又开始学起裱画来了。

胡沁园特地匀出了三间大厅,屋内中间,放着一张尺码很长很大的红漆桌子,四壁墙上,钉着平整干净的木板格子,所有轴杆、轴头、别子、绫绢、丝绦、宣纸,以及排笔和糨糊之类,置备得齐齐备备,应有尽有。

齐白石学得很用心,从刷浆和托纸到上轴,他跟着萧芗陔一遍遍地学。最初,他站在萧芗陔的身边,注意看他的操作,默记每道工序的手法，为他取料，做下脚活。

萧芗陔边干边教，告诉他刷浆要注意什么，怎样上纸。几天之后，齐白石就在萧师傅的精心指导下，上架动手裱画了。

开始，他进度虽然不太快，但很仔细和认真，用浆也恰到好处。他特别注意选纸，会根据原画画面的浓淡色泽，在颜色上进行精心挑选，这样裱出的画，对比鲜明、清淡雅致，效果非常好，他裱的首幅画就受到了萧芗陔的称赞。

3个月后，齐白石就已经完全能够独立裱新画了。

乡里人裱画，全绫挖嵌的很少，讲究的不过是"绫栏圈""绫镶边"的布局，普通的都是纸裱。经过反复琢磨，齐白石认为不论是绫裱纸裱，裱得好坏，关键全在托纸，托得匀整平贴，挂起来才不会有卷边抽缩和弯腰驼背等毛病。比较难的是旧画揭裱。揭要揭得原件不伤分毫，裱要裱得清新悦目，遇有残破的地方，更要补得天衣无缝。一般的裱画师傅，只会裱新的，不会揭裱旧画，而萧芗陔是个全才，揭裱旧画是他的拿手本领，当齐白石学会裱新画后，萧芗陔又教他揭裱旧字画。

为了使齐白石能够很好、很快地掌握这门艺术，萧芗陔集中了一段时间，边示范，边讲解。

面前展现的这幅四周压上镇尺的宋人仕女画，四尺宽，两尺四寸长。由于天长日久，绫绢已经很碎了。揭旧画是重新裱成新画的关键性的第一道工序，萧芗陔仔细察看了一下，便动作轻快、自如地在画上干了起来。他从右上边角开始，步步揭起，除了中午饭时间外，一直进行到下午才最后完工。齐白石一步不离地认真观看，不时询问要领和注意事项。

这样，经过了半年多的学习，齐白石终于把揭裱旧画的手艺也学会了，这为他养家糊口增添了新的收入来源，也为他的艺术水平的进步打下了良好的基础。

结交好友提高自己

1894年2月，齐白石的妻子又为他生了个男孩，这是他的第二个儿子，齐白石为他取名为良黼，号叫子仁。

此时的齐白石以卖画作为营生，已经不为生活发愁了。他在生意中结交了很多好友。这年春天，住在长塘的黎松安，名培銮，又名德恂，是齐白石朋友黎雨民的本家，经过胡沁园介绍，又来找齐白石为他父亲画遗像。

由于黎松安是自己的老师介绍过来的，齐白石为他画得格外认真。遗像整整画了3天，无论是面部的表情变化，衣着服饰的款式和颜色，齐白石都一一作了认真的设计，使画出的遗像，惟妙惟肖，十分逼真，这幅画像得到了黎家全家人的好评，还意外地得到了黎松安祖父的称赞。

黎老先生年轻时，才气横溢，是个名士，后来隐居山林不仕。平生酷爱字画，收藏了不少古代名家的山水画，自己也能画几幅。他见齐白石画的儿子遗像非常好，就将平日里珍藏多年的名人字画，拿给齐白石临摹。

这些画都是平常人难得一见的珍品，所谓见多才能识广，对于一个艺术家来说，多临摹名人作品对自己会有非常大的提高。齐白石见到这些珍品，如获至宝，夜以继日地将其临摹了下来。

齐白石在黎松安家画像和临画的消息，在长塘传开后，许多朋友都来看望齐白石。齐白石的一个朋友王仲言还发起组织了一个诗会，特邀齐白石参加。

他们约定的集会地点，在白泉棠花村罗真吾和醒吾弟兄家里。真吾，名天用，他的弟弟醒吾，名天觉，是胡沁园的侄婿。

这个诗会，起初本是四五个人，他们集在一起，谈诗论文，兼及字画篆刻和音乐歌唱，没有一定日期，也没有一定规程。

到了夏天，经过大家讨论，正式组成了一个诗社，借了五龙山的大杰寺内几间房子，作为社址，就取名为龙山诗社。五龙山在中路铺白泉的北边，离罗真吾、醒吾弟兄所住的棠花村很近。大杰寺是明朝修建的，里面有很多棵银杏树，地方清静幽雅，是最适宜避暑的地方。

诗社的主干，除了齐白石和王仲言，罗真吾、醒吾弟兄，还有陈茯根、谭子荃、胡立三，一共是7个人，人们称他们为龙山七子。陈茯根，名节，板桥人，谭子荃是罗真吾的内兄，胡立三是胡沁园的侄子，他们都是常常见面的好朋友。

诗社成立后，他们一致推举齐白石做社长，齐白石自认为能力有限，不能胜任。

王仲言对齐白石说："濒生，你太固执了！我们是论齿，7人中，你年纪最大，你不当，谁当呢？我们都是熟人，社长不过应个名而已，你还客气什么？"

大家听王仲言这么说，也纷纷说些附和的话，齐白石只好客气地答应了下来。

龙山七子中除齐白石之外的6人，都是当地望族出身的文人，文字功底都比齐白石强，他们作出的诗大多是为了应付科举，其诗文工整妥帖，圆转得体，但缺点是拘泥板滞，一点也无生气。

齐白石则和他们不同，他反对死板了无生气的东西，认为作诗应该讲究灵性，而不是扭捏作态。因此，他作出的诗生活气息浓烈，清新自然，有一种朴素的美。用他自己的话说："他们能用典故，讲究声律，这是我比不上的。但要是说作些陶冶性情、歌咏自然的句子，他们就不一定比我好了。"

第二年，黎松安家里也组成了一个诗社。因为他家的对面有一座罗山，俗称罗网山，所以他为自己的诗社取名为"罗山诗社"。龙山诗社的龙山七子和其他社外的诗友，也都加入了这个诗社。

后来，龙山诗社从五龙山的大杰寺内迁出，迁到南泉冲黎雨民的家里。齐白石往来于龙山、罗山两诗社之间，非常投入。诗社为他提供了学习和提高的机会，也使他开阔了眼界。而诗友们也非常喜欢齐白石那充满生活气息和乡土气味的诗句，并没有因为他是个木匠出身的画匠而瞧不起他。

诗友们欢迎齐白石还有一个原因，那就是他为他们提供花笺。

花笺就是写诗用的诗笺，在那个年代，这种诗笺是很难买到的。

龙山和罗山两个诗社的诗友，都是少年，爱漂亮，认为作了诗，写的是白纸，或是普通的信笺，没有写在花笺上，是件遗憾的事，但是诗社里有了像齐白石这种能作画的人，他们就跟他商量要他将图画画在纸上制成花笺。

齐白石当然是很高兴接受这项工作的，他立刻就动手去做，用单宣一类的纸，裁成八行信笺大小，在晚上灯光之下，一张一张地画上几笔，有山水，也有花鸟、草虫、鱼虾之类，再着上淡淡的颜色，倒也雅致得很。

这样的花笺，齐白石一晚上能够画出几十张来，他一个月只要画上几个晚上，就能够分给诗友们写用了。

王仲言常常对社友们说："这些花笺，是濒生辛辛苦苦画成的，我们写诗的时候，一定要仔细地用，不要写错、随便糟蹋。"

勤奋学习篆刻技术

齐白石和诗友们在一起，不但经常吟诗作赋，还经常一起切磋书艺，尤其是其中几个擅长刻印章的诗友，对齐白石的影响和帮助很大。

中国画具有诗、书、画、印合一的特点。诗、书、画、印结合为艺术整体，是中国画发展到一定历史阶段逐渐形成的。大体而言，魏晋为其发端，两宋初具形态，元明清趋于全盛。

对于绘画要用印章的事，齐白石是在老师萧芗陔处见到许多古代名画后才知道的。在这之前的10多年间，对于为什么用章，他没有深入研讨过。

因为当时他认为，一个画家画了一幅画，题上字，盖上印，无非表明了作者的身份和姓名而已。至于印章在整个绘画中所占的分量，它与画幅相映成趣，成为整个艺术品不可或缺的组成部分这一点，他没有深入地思考过，而且，对于古画上往往有好几个款式不同的印，还感到不解。

齐白石真正了解印章在整幅画中的作用，是在拜胡沁园为师以后的事。

在胡家学习的时候，一次，齐白石制绘了一幅《山村小景》，胡沁园见了，十分赞赏。可是，胡老师总是觉得缺少了什么，他仔细一看，才发觉原来是没有印章。

胡沁园奇怪地问学生："画画应该用印，你为什么不盖章？"

齐白石不好意思地笑了笑，说："我从来不盖印，也没有印。"停了一下，他又说："因为我画得不好，盖了章有什么用？"

胡沁园告诉白石说:"你以为盖章就是为了这个呀!你想错了。印章看起来似乎与画无关,其实呢,一方小小的鲜红的印,对于一幅画,是不可或缺的,它能起到稳定节奏的作用。尤其是水墨画,盖上鲜红的印章,使整个画面更为明洁和生动。"

说着,胡沁园取出元和宋两代一些名家的作品,请齐白石观看,并仔细地为他讲解了印的款式、种类和用法:"书画作品用印,大致可分为'名章'和'闲章'两个方面。一般画家要有两颗名章,一为白文的,刻姓名用的,一为朱文的,用作刻号。"

胡沁园挑选一幅画,指给齐白石看,并说道:"你看,'闲章'的范围很广,不过用于书画之作的'闲章',不外乎有'斋馆堂号印''收藏鉴赏印''诗词成语印''肖形印'四类,其中'诗词成语印'最为常用。"

他又挑出一幅画,指着画上的印章,说:"就其钤印的部位来讲,又分'引首章'和'押角章'。"

还没等胡沁园说完,齐白石就非常感兴趣地问:"什么叫'引首章'和'押角章'呢?"

胡沁园解释说:"顾名思义,盖在书画章幅右上首的,就叫'引首章',至于'押角章'就是指盖在章幅右下或者左下角的印章。"他又补充说:"这引首章多为长方形、近圆形或者其他不规则形的词语印。它们不仅为书画作品的构图起到平衡及点缀作用,同时也增添了作品的色彩之感。因此,可以说闲章并不是真正的'闲'。"

他又严肃地提醒:"不过,书画用印,要重视法度,不可信手捏造,更不能滥用,用印时,首先应看其作品的内容、风格,以及作者的用意而选择、配置与此相应协调的印文和形式的印章。"

齐白石听得入神,迫不及待地问:"那么,请问先生,我该如何选用印文和印章的形式呢?"

胡沁园见他如此感兴趣,便滔滔不绝地讲起来:"选用印章的印文，或者阐明作者的立意，或者表明作者对艺术创作的见解，或者标明作者的籍贯、身份，或者表示谦逊求教的态度。至于选用印章的形式风格，或苍厚古朴，或秀丽柔和，或苍秀兼备。除此之外，还要根据其书画作品的构图部位及款字的大小，统观整体效果，而后再具体确定落印，要做得得体。"

胡沁园的一席话，使齐白石大开了眼界。从这以后，齐白石又知道了印章是门艺术，他下决心把篆刻这门艺术学到手。

一次，他在给别人画像时，遇上了一个从长沙来的人，号称篆刻名家。求他刻印的人很多，齐白石也拿了一方寿山石，请他给自己刻个名章。

几天后，齐白石去问他刻好了没有，他把石头还给了齐白石，说："磨磨平，再拿来刻！"

齐白石看看这块寿山石，光滑平整，并没有什么该磨的地方，但既然篆刻名家都这么说了，齐白石便只好拿回去再磨。

又过了几天，齐白石再次将磨好的石头拿给这个篆刻名家看，谁知这名家看也没看，随手搁在一边。

几天后，齐白石再去问他，篆刻名家仍旧把石头扔还给他，说："没有平，拿回去再磨磨！"

齐白石被这人傲慢的态度激怒了，他认为，对方是看不起自己的这块寿山石，他想："我何必为了一方印章，自讨没趣呢？"

于是，齐白石把石头拿了回来，当天晚上用修脚刀，在微弱的灯光下，聚精会神，一刀一划地刻了起来，一直刻到子夜，总算完成了他平生以来自己刻制的第一方印章。

这是一方白文的印。布局合理，刀法苍劲，隐隐有一股刚毅之气，也许因为是"愤怒之作"，所以，盖在纸上很有神韵。齐白石看到了自己的劳动成果，兴奋得几乎一夜未眠。

第二天一早，齐白石将刻好的石头拿给自己的主顾看，大家都夸奖地说："与这位长沙来的客人刻的，大有雅俗之分。"

齐白石听后，内心虽然十分高兴，但他明白：自己连篆刻刀法都不懂，这雅俗之分从何而来呢？

经过此事后，齐白石找到自己在诗社认识的朋友黎铁安，要他帮自己提高篆刻技术。

黎铁安笑着对他说："你的印还是蛮有功力的。不过嘛，刻印和你画画一样，主要靠练，南泉冲的楚石，有的是！你挑一担回家去，随刻随磨，你要刻满三四个点心盒，都成了石匠，那就刻得好了。"

黎铁安说的虽然是一句玩笑话，但齐白石听后，却觉得很有道理。于是他打定主意发奋学刻印章，从多磨多刻上去下功夫。

黎松安是齐白石最早的印友，他常到黎家去，跟他切磋，一去就在黎家住上几天。

齐白石刻着印章，刻了再磨，磨了又刻，弄得黎家的客室里，四处都是粉尘。

黎松安见此笑着对齐白石说："这客室经过你这么一弄，干脆改名叫石匠居室算了。"

黎松安看到齐白石对刻印如此执着，又弄来一些丁龙泓和黄小松两家刻印的拓片，送给齐白石学习。

齐白石得到了这些拓片非常高兴，他下大功夫学习丁龙泓和黄小松的精密刀法，摸到了刻印的门径，在篆刻技术上也长进了不少。

抓住机会拜师学艺

1897年，齐白石35岁了，在此之前，他虽一直以卖画为生，但却仅仅在白石铺附近画画，甚至连湘潭县城也没有去过。

这一年，他经一个朋友介绍，第一次到湘潭县城去给人画画。此后，他逐渐在县城出了名，成了湘潭县城的常客，并在城里认识了道台的儿子郭葆生和家住桂阳州的名士夏寿田。

第二年，齐白石的妻子春君生了个女孩，起名叫作阿梅。他的两个诗社的友人听说后，都来向他祝贺。

1899年正月，齐白石又来到湘潭县城为人画画，正好他在诗社认识的好友张仲飏也在县城，张仲飏介绍齐白石去拜见王湘绮先生。

王湘绮是当时中国最出色的文人之一，一般趋势好名的人，都想递上门生帖子，拜在他的名下，充作王门弟子，好在人前卖弄，以抬高自己的身价。

张仲飏是王湘绮的门生之一，他曾多次想要介绍自己的老师和齐白石相识，但齐白石总觉得自己是一介草民，不敢高攀，所以迟迟没有答应张仲飏的要求。这天，张仲飏拿了齐白石的诗文、字画、印章，带着齐白石一起去拜见王湘绮。

王湘绮本人是一个矮个头、脸色白净、两眼炯炯有神的人，他总是紧紧地注视着人，尤其当他与别人交谈时。看上去给人一种文人恢宏的气度。

他仔细地从头到脚、从脚到头地看了一遍齐白石，微微地笑了起来，说："早就听仲飏说起你，也听过你刻苦学画的事。笔墨丹青，易学难工，听说你画得很不错。"

白石谦虚地说"画得不好,很粗糙,还请先生评阅评阅。"说着,他递上自己的作品。

王湘绮认真地看了这些作品后,说:"你画的画,刻的印章,又是一个寄禅黄先生哪!"

王湘绮说的寄禅,是湘潭地区一个有名的和尚,俗家姓黄,原名读山,是宋朝黄山谷的后裔。他出家后,法名敬安,寄禅是他的法号,他又自号为八指头陀。

寄禅也是少年寒苦,发愤读书,并苦心钻研绘画而成为一方名士的。王湘绮第一次与齐白石见面,就把他和寄禅相提并论,说明他对齐白石非常赏识。

张仲飏见老师这么欣赏齐白石,就请老师收齐白石为徒,王湘绮欣然同意。但齐白石却认为自己出身贫寒,实在不好意思做王湘绮的学生,他担心旁人说自己是看中王先生的名声而拜在他的门下的。

齐白石的担心被张仲飏知道后,张仲飏告诉齐白石说:"王老师这样看重你,你还不去拜门?人家求都求不到,你难道是招也招不来吗?"

经过张仲飏的多次劝说,齐白石终于在1899年10月18日拜入王湘绮的门下。

不过,此时的齐白石心中还有一个疑问,就是不清楚王先生对自己的诗文看法如何,因为他多次与先生相见,王先生都没有指出他对齐白石诗文的看法。齐白石觉得,王湘绮是主攻诗文的,如果能得到这位老师的指点将是再好不过的事了。

碍于情面,齐白石不便直接问老师,他便将自己的想法告诉张仲飏,想请他帮忙向老师询问。

张仲飏回来说:"王先生说你的文还可以,诗却有点像《红楼梦》里的'呆霸王'薛蟠一体了……"

因为他们二人都是知己,张仲飏也知道齐白石一向谦虚,就把先生的原话一一告诉齐白石。

齐白石诚恳地说："先生的话还真是点到了我的毛病了，我作的诗，写的都是我的心里话，很少在字面上修饰。我自己看，也有点觉得'呆霸王'的形式，先生可谓是我一知己啊！"

拜师之后，齐白石总是觉得自己的学问太浅，担心别人说他拜入王门是为了抬高自己的身价，所以他很少告诉别人自己是王的学生。

不久，黎铁安介绍齐白石到长沙省城里，给茶陵州的著名绅士谭氏三兄弟刻印。齐白石兴致勃勃地打点行装来到长沙，精心为他们刻了10多方印章。这时，一个叫丁拔贡的人来到谭家，自称是个金石家，他装模作样地看了齐白石刻的印章后，指斥齐白石的雕刻刀法不好，并要求为谭氏兄弟重刻。

其实这人也只不过是和齐白石一样效法丁龙泓和黄小松两家刀法的，但谭氏兄弟对于刻印是外行，所以他们听了丁拔贡的话，就把齐白石刻的字全部磨掉，另请丁拔贡去刻。

齐白石没有与丁拔贡计较，而是对此事付之一笑，因为他明白，真正懂得印章的人会自有公论。生意没做成，他只好又收拾行装回到湘潭县城。

1900年，回到湘潭的齐白石却意外地赚了一大笔钱。

在湘潭县城内有一位江西盐商，这位盐商是个大财主，他在做生意的空闲时间逛了一次衡山72峰，以为这是天下第一胜景，就想请人画个南岳全图，以作为他游山的纪念。朋友们就介绍齐白石去画。

对齐白石来说，南岳是生他、育他的地方。这一片神奇、瑰丽的土地，逶迤于衡阳、衡山、湘乡、湘潭、衡东、长沙之境，方圆数百里，72座主峰，像一条巨龙，奔腾在苍茫的云海之中。现在，齐白石有机会把这万千气象的南岳色彩鲜明地绘于纸上，这对他的绘画也是一大挑战啊！

根据盐商的意思，齐白石将衡山72峰，画成六尺中堂的12幅，并将这12幅画色着得特别浓，仅是石绿一色，就足足地用去了2斤。

着色如此之浓的画，在行家眼中会觉得好笑，可是这位盐商看了，却十分满意，他连连称赞齐白石画技的高超，并送了齐白石320两银子作为酬金。

这些银子在当时是一个了不起的数目，其他的人听了，都吐吐舌头说："这还了得，画画真可以发财啦！"

因为这一次作画，齐白石获得了如此多的钱，这件事传遍了湘潭附近各县，从此，他的声名就更大了，生意也就越发多了。

齐白石一家住的星斗塘老屋，房子不大，这几年，家里又添了好多人口，就显得更狭窄了。有了这笔钱，齐白石就在离白石铺不远的狮子口处，租了一处叫"梅公祠"的大院子，将自己的妻儿一起搬到了新居。

这里山清水秀，尤其是在冬末春初的时候，梅花沿路开放，姹紫嫣红，生机盎然，这使齐白石感觉自己好像置身于诗情画意之中，于是，他把他住的梅公祠，取名为"百梅书屋"，并作了一首诗：

最关情是旧移家，屋角寒风香径斜。
二十里中三尺雪，余霞双屐到莲花。

为了方便自己作画，齐白石又在梅公祠内的空地上盖了一间书房，取名"借山吟馆"。

齐白石的新居离老屋只有5公里左右，不太远，他和妻子常常去看望祖母和父亲、母亲，他们也常到齐白石的新居中来玩。

这时的齐白石在湘潭地区的画界已经很有名气了，不少文人慕名来和他交朋友，就连一些平日里非常傲慢自大的人也来找齐白石谈诗论画。这一方面与齐白石自己的努力分不开，另一方面也得益于他老师王湘绮的大力推荐。

踏上他乡的路

一个人要是利欲熏心，见缝就钻，就算钻出了名堂，这个人的人品，也是不行的。

——齐白石

决定第一次出行

1902年,齐白石40岁了,他的妻子又为他生下了第三个儿子,取名良琨,号子如。

这年冬天,齐白石接到远在西安的朋友夏午诒的一封信,邀请他到西安做画师,为其夫人姚无双教画。

在这之前,齐白石作画是从来没有出过湖南的,接到夏午诒的信,正在犹豫时,他又收到也在西安的另一位朋友郭葆生的一封长信。郭葆生在来信中力劝齐白石一定要去西安,以提高他的绘画水平。

夏午诒和郭葆生都是齐白石在湘潭画画时认识的朋友。夏午诒名寿田,桂阳州名士,其父夏时任陕西藩台时,他随之去了西安。郭葆生名人漳,与齐白石同县。

对朋友的盛情邀请,齐白石有些动心了,他想,历史上,像唐宋八大家,哪个没有在年轻时代远离家门,饱览祖国的壮丽河山,丰富自己的创作源泉?虽然他们是一代文豪,而自己也是湘潭这块土地上闻名遐迩的一个画师啊!他觉得能有这样一个绝好的机会出去看看,会会友人,游历祖国的名山大川,见见各地的风物人情,对于自己的艺术进展,当然是会有极大好处的。

几天后,郭葆生又寄来了一笔很丰厚的旅费和画画的经费。齐白石想,看来不去是不行了,那会辜负了朋友们的一片好意。可是,家里离得开他吗?他决心同家人好好商量这个问题。

在一个风和日丽的日子里,齐白石同妻子抱着新生下来的三儿子,高高兴兴地去星斗塘老屋看望父母,决定郑重地商量一下去西安的事。

妻子春君听到朋友要邀请丈夫去西安，远离家乡数千里，心里很是留恋。因为从她13岁过门到齐家当童养媳至今日，他们一直恩爱如初。白石耐心地劝说她，给她念朋友的信，渐渐地，她感到画画需要开阔视野，应该支持丈夫的事业。至于家里的事，孩子渐渐大了，而且老人就在身边，总是可以安排妥当的。

到了老屋，齐贳政夫妇见添了个小孙子，都很高兴，轮流地抱着、看着、逗着，小屋里充满了欢乐。

齐白石拿出10多两银子，交给了母亲，作为给老人生活上的一点补贴。虽然他们分居而住，但经济上却一直没有分开。齐白石将作画收入的相当一部分交给了父母家里，自己的小家则仅留了一部分。他知道父母劳累了一辈子，为自己的成长，倾注了全部的心血，如今，他能够独立生活，有了比较多的收入，应该先让自己的双亲生活得好一点。

齐白石把朋友邀请他去西安的事，详细地告诉了父母，征求他们的意见。

父亲齐贳政默默地听着，不断地吸着烟，不说什么。

母亲齐周氏看了儿媳妇一眼，问："春君，你怎么看呢？"

妻子春君喃喃地说："刚开始我也很担心，几千里路，他孤身一人去，没人照料，有个头疼脑热的，怎么办？后来一商量，还是让他去的好。老在家，对他的画没好处。出去见识见识，到了大地方，知道的人多，说不定有大造就，这样一想，我也就想通了。"

听了儿媳的话，齐贳政终于开口了："西安是六朝古都，听说那地方是不错的。家里你不用担心，我们会照顾好的，而且孩子也大了。只是你从未出过远门，西安离这里多少路？"

齐白石回答："2000里。"

"2000里！"齐贳政重复了一句，担忧地望着儿子："这么远，一路上长途跋涉，千山万水，你的身体受得了吗？"

齐白石说："爹，您说的这些我都考虑过了，问题不大。我已经40岁了，现在身体还行，不出去走走，就没有机会了。至于身体，我会照顾好自己的。而且，您看，他们把路上要用的盘缠都寄来了，不去对不住人啊！"

齐周氏在一旁说："既然这样，那你就去吧！家里的事，就不用挂念了，我们会照顾好一切的。"

事情就这样定了下来。于是，西安之行成为齐白石远游的开端。

就在齐白石准备动身的前几天，却出现了一段小插曲。

这天，齐白石正在家里收拾行李，有一个十三四岁的小姑娘突然登门拜访。

只见她的手里拿着一卷画纸，看到齐白石，就深深地向他一鞠躬说："齐师傅，您好！"

齐白石仔细地端详了一下这位陌生的小姑娘，她忽闪着两只水汪汪的眼睛，淡淡的酒窝，白皙而秀丽的面容，非常招人喜爱。

齐白石亲切地问："你好，小姑娘，你是来找我画画的吗？"

"不是！"小姑娘闪动了一下双眸，莞尔一笑，"我想跟先生学画画，不知道可不可以。"在自己崇敬的画家面前，小姑娘不好意思地泛起了少女特有的羞容。

齐白石暗暗地吃了一惊。这些年，想跟他学画的人不少，但女的上门求学的，这小姑娘还是第一个。他又重新打量了一下小姑娘，看到她殷切期待的目光分明地透露着非同一般的灵气。

齐白石问："你喜欢画画吗？"

小姑娘认真地点点头，小声地说："嗯！"

齐白石又问："那你以前画过画吗？"

小姑娘回答说："画过，不过画得不好，因为一直没有得到过老师的指点。我听说先生是我们湘潭的名家，所以今天特来拜见。"

齐白石被她真切纯洁的追求艺术之心，深深地感动了。他是真想收下这名可爱的女弟子，但心里又处在矛盾之中：答应她吧，再有几天，自己就要远行了；不答应呢，又担心伤了她的心。

齐白石踌躇了半天，宽慰地解释着："你要学画，很好。只可惜，我马上就要去西安了。我的一位朋友邀请我一定去，他们来信催得紧，我已经答应他们了，所以你看，这事等我回来以后再说好吗？"

小姑娘那充满了希望的神情暗淡了下来，蒙上了一层若有所失的、惆怅的阴影。她沉默了很久，叹了一口气，自言自语地说："唉，看来是我来迟了，要是我早做打算就好了。"

她失望中带有一种悲凉的口气说："那只好等先生回来后再说。谢谢先生，麻烦您了。"

小姑娘向齐白石深深鞠了一躬，走了。

谢绝了一个满怀希望的姑娘，齐白石的心里很不是滋味。两天后，他接到那位小姑娘写来的一封信，信上这么写道：

> 俟为白石门生后，方为人妇，
> 恐早嫁有管束，不成一技也。

齐白石从小姑娘的诗中看出她是一个有理想、有追求的女子，他被深深地感动了，他觉得自己有一种义不容辞的责任，在动身前特意去跟小姑娘告别。齐白石还画了一幅画、写了两首诗送给她，答应小姑娘，等自己回来后，一定教她学画画。

远游归来革新画风

齐白石上路了，由于当时交通还很不方便，他一路上走得很慢，利用这难得的机会，他每逢看到奇妙景物，就画一幅画。

在两个多月的旅途中，齐白石不顾旅途劳累，画了很多画，其中最著名的两幅，一幅是路过洞庭湖时画的《洞庭看日图》，另一幅是快到西安时画的《灞桥风雪图》。

洞庭湖号称"八百里洞庭"，其风光之美，早在宋代，大文学家范仲淹的名篇《岳阳楼记》，就有精彩的描绘，诗文中写道：

予观夫巴陵胜状，在洞庭一湖。
衔远山，吞长江，浩浩荡荡，横无际涯。
朝晖夕阴，气象万千。
此则岳阳楼之大观也，前人之述备矣。
然则北通巫峡，南极潇湘，迁客骚人，
多会于此，览物之情，得无异乎？

洞庭湖是历代文人迁客览物观赏的胜地，留有许多诗赋佳作。齐白石作为一个热爱大自然的画家，怎能不被这壮丽的景色所吸引、所陶醉！

灞桥在西安城东，横跨在灞水之上，是历史上一座富有诗意的古桥。历史上很多名人，如秦始皇、汉高祖刘邦等，都曾路过此桥。唐代人送客，也多到此桥。每当春夏之交，翠柳低垂，水花飞溅，冬则雪霁风寒，沙明石露，有"灞柳风雪"之称，列为"关中八景"之一。齐白石画此画，一为他罕见的北方雪景所迷，也为此桥所富有的传说故事动情。

这次远行，使齐白石认识到，前人的画谱，其创意布局和山水的画法，是完全有根据的，绝不是凭空臆造。他感到这次出行收获极大，内心十分感谢自己的两位朋友。

齐白石到达西安已是年底，夏午诒的府第坐落在城南的一个僻静处。两扇朱红的大门前一对石狮昂首屹立。齐白石就住在夏午诒家，教姚无双学画。姚无双学得很认真，他也很高兴。

在这里，齐白石见到了在湖南相识的朋友郭葆生、张仲飏、徐崇立等，他们相携游览西安名胜，如碑林、大雁塔、牛首山、华清池等。

在游大雁塔时，他还题诗一首：

长安城外柳丝丝，雁塔曾经春社时。
无意姓名题上塔，至今人不识阿芝。

长安自古有"雁塔题名"的传统活动，这时的齐白石自知没有什么名气，因而也没在大雁塔题名留念。

转眼就到了快要过年的时候，齐白石来西安主要还是想多长见识，一天，他在空闲的时候，询问夏午诒："午诒，我听说西安这个地方文化蕴藏丰厚，你可以给我找些古画来看看吗？"

夏午诒想了一下说："论藏画，此地恐怕要数臬台樊樊山了。"

夏午诒嘴里的樊樊山，字嘉夫，名增祥，号云门，湖北恩施人，是当时的名士，又是南北闻名的大诗人。

出于对樊樊山的敬意，齐白石专门刻了几枚印章，到臬司衙门拜见樊大人。因为齐白石不懂得官场的行情，没有给传达的人送红包，那传达竟不给他通报。

齐白石一气之下回到寓所，夏午诒听说后和樊樊山说了，樊樊山立即来到夏府，这才与齐白石见着了面。

樊樊山亲自邀请齐白石和夏午诒上自己家里做客，并特意在他的"静雅居室"接待了他们。

落座之后，齐白石将自己的画和印章送给樊樊山，樊樊山十分高兴，仔细地观赏了起来。

樊樊山尤其喜欢齐白石的那幅山水小品，认为有韵致、传神，赞不绝口。不一会儿，齐白石的其他朋友张仲飏等人也被臬台接来了。这是张仲飏第一次进臬台衙门，他感到格外新鲜和兴奋。樊樊山当着大家的面，热情、诚恳地称赞齐白石的画与印，让齐白石感动不已。

夏午诒明白齐白石来臬台衙门的主要目的，他在一旁提醒说："臬台大人，何不将你的藏画，让濒生看看。"

樊樊山高兴地站起身，说："对对对，名贵字画我是收藏了一些。来来来，大家一起去。"

他嘱咐家人在"青山居"备茶后，就领着他们，穿过客厅，来到后庭院的一间十分雅静的住房里。

这就是樊樊山专门珍藏名字画的房间"青山居"。室内除了几把椅子，一张八仙桌外，就是依墙并排放着的三个大书柜。

樊樊山径直走到柜子前，从自己腰间取出钥匙，打开柜门，把一轴轴包装得十分精致的画，搬了出来，放在了桌子上，然后，一幅幅地展开着，请白石品鉴、观赏。

这些画有唐代杰出画家李思训的《江山渔乐》《春山图》，隋代杰出画家展子虔的《游春图》等。

对于李思训的画，齐白石早年师从胡沁园时，就已临摹熟透了。但展子虔的《游春图》，他却是第一次见到。

《历代名画记》里提过这幅画。唐代书画评论家张彦远评述展子虔的画是"触物百情，备皆妙绝，尤善台阁、人子、山川"。宋朝第八个皇帝赵佶也赞扬展子虔"凡人所难写之状，子虔独易之"，给了他很高的评价。

在这之前，齐白石每次都只是听说过此人，却没有见过他的画，而现在见到了展子虔的《游春图》，他自然是喜出望外。

齐白石全神贯注地审视着《游春图》，图卷的首段，近处的一条倚山临水的斜径，路随山转，曲折有致，直至妇人伫立的竹篱门前，才显得宽展起来。树木掩映，通过小桥，又是平坡，整个构图运营布局严谨而多变化，色泽丰富多样。

齐白石认真仔细地欣赏名家们的画，心中暗自惊叹自己没有白来西安。

樊樊山看着入了神的齐白石，轻声地问："濒生觉得这幅画如何？"

齐白石抬起头来，对樊樊山说："名不虚传，果然是好画。古人说他的画，'远近山川，咫尺千里'，那是一点也不假。技巧上也有变化，你看这山石、树木，不用皴擦，而用勾勒，艺术效果就非同凡响了。"

樊樊山很欣赏齐白石，立即送给齐白石50两银子，作为刻印的报酬。临别时，他又替齐白石写了一张刻印作画的收费标准，上面写着：

常用名印，每字三金，石广以汉尺为度，石大照加。石小二分，字若黍粒，每字十金。

有了这位臬台亲自定制的收费标准，齐白石在西安的影响越来越大，买他字画的人也越来越多。

在西安的许多湖南同乡，见臬台这样赏识齐白石，便纷纷劝齐白石找个机会要樊樊山提拔自己做官，连齐白石的好朋友张仲飏也对他说："机会不可错过。"

这引起了齐白石的反感，他认为一个人要是利欲熏心，见缝就钻，就算钻出了名堂，这个人的人品，也可想而知了。因此，张仲飏劝他积极营谋，他反而劝对方悬崖勒马。

齐白石在西安住了3个月后，夏午诒要到京城谋差事，他邀请齐白石跟他一起去。临行前，樊樊山告诉齐白石，自己也要进京，慈禧太后喜欢绘画，宫内有位云南籍的寡妇缪素筠，为太后画画，做的是六七品的官，可以在太后面前推荐齐白石当宫廷画师。

齐白石回答说："我是没见过世面的人，叫我去当内廷供奉，怎么能行呢？我没有别的打算，只想卖卖画，刻刻印章，凭着这一双劳苦的手，积蓄得三二千两银子，带回家去，够我一生吃喝，也就心满意足了。"

夏午诒也劝白石说："京城里遍地是银子，有本领的人，俯拾即是，三二千两银子，算得了什么！濒生当了内廷供奉，在外头照常可以卖画刻印，还怕不够你一生吃喝吗？"

齐白石听樊樊山和夏午诒都是官场口吻，不便接口，只好噤声，但在夏午诒的热情邀请和樊樊山的劝说下，他还是决定去一趟京城。

3月初，齐白石随同夏午诒一家，动身进京了。

此时，正是桃花盛开的季节，那一路的桃花，有时长达几十里，沿途风景之美，是齐白石平生从未见过的。

路过华阴县时，夏午诒特意邀请齐白石登上了万岁楼，饱览华山雄姿。

华山是著名的"五岳"之一，古书上说，从远处看它，像花的形状，故名华山。华山以奇拔险峻冠天下。相传，唐代大文学家韩愈曾攀上华山，回头望去，心惊失色，以为自己没有生还的希望了，便写下遗书。同去的人把他用酒灌醉，才将他抬下山来。"华山自古天下雄"，是一点也不假的。

齐白石心仪华山已久，现在登山览胜，不禁为气象万千的华山雄

姿所折服。当晚,他点上灯,在灯下画了一幅《华山图》,并题了一首诗:

仙人见我手曾摇,
怪我尘情尚未消,
马上惯为山写照,
三峰如削笔如刀。

他用焦墨,运用腕力,一笔下来,将华山山势画得雄奇挺拔,气象万千,尤其是那侧峰,像刀削了一般,更具神韵。

第二天,齐白石他们渡过黄河,在一个叫弘农涧的地方,远看嵩山,发现又是一种景象。只见山峦起伏,峻峰奇异,名胜古迹星罗棋布,著名的少林寺,就在此山北麓。

据说当年,唐朝女皇帝武则天曾到北山游览,并在山上"娘娘洞"内的"娘娘坑"大宴群臣,饮酒赋诗,观察景色。

齐白石向旅店中借了一张小桌子,在涧边画了一幅《嵩山图》。

继续北行,齐白石他们又来到了流经河南、河北两省境内的漳河。在漳河岸边,齐白石无意看见水里有一块长方形的石头,拾起来仔细一看,却是块汉砖,铜雀台的遗物。

无意间得到了稀见的珍品,齐白石真是喜出望外,他连声对夏午诒说:"真是不虚此行啊!"

夏午诒的家安顿在北京宣武门外的北半截胡同,齐白石进了京城,对眼花缭乱的城市繁华,倒没有多大兴趣。他住在夏午诒家,每天除教夏夫人学画以外,还卖画刻印。闲暇时候,他常常逛琉璃厂,那里是古玩字画集中的地方，夏家离此地不太远。有时，他也到前门外大栅栏一带去听听戏。

齐白石在北京又认识了不少人，但与夏家来往的，很多都是一些势利的官场中的人，齐白石是不愿和他们接近的。为此，还闹出了一场小误会呢！

一天，齐白石正在屋里整理画稿，夏家门房通报，说有一个叫曾熙号农髯的湖南衡阳人，要会见他。齐白石以为这个曾农髯是个势利的人，便嘱咐门房说自己出门了，不在家。

曾农髯一听门房的话，怏怏而去。数天后，他又来了，门房告诉他，齐先生病了，不见客。以后的十几天中，曾农髯又来了数次，得到的是同样的答复。他便生了疑问，不待门房通报，直闯了进来，问了齐白石的住房，推开了门。

齐白石看见一个中等身材、白皙的脸上有点怒容的人闯进来，不知出了什么事，暗暗吃惊。不等他开口，那人说："我已经进来了，你还能不见我吗？"

齐白石一听，醒悟到来者就是曾农髯，无法再躲了，只得接见。

这时，夏午诒也推门进来，热情地拉着农髯的手，解释说："濒生兄有他的难处，画画嘛，是需要一个安静的地方。"

说着，他又向齐白石介绍说："濒生，农髯可是个饱学之士，风雅得很。他可不是官场中势利的人。"

曾农髯一听，连连摇手说："不敢当，不敢当。我只是听说我们湖南出了个大画家，想见见，心里很急切，就冒昧地闯了进来。"

齐白石笑着说："唉，说起来，我才不好意思呢，不知道是兄长想要见我，我真是有失远迎，罪过罪过。"

曾农髯却在一旁称赞道："哪里，哪里，不过，齐先生不见官而见客，这很好。"

夏午诒在一旁补充说："不过，官中有客、客中有官，原也不同。

见不见，要看他的人品，你说呢，濒生？"

齐白石赞同地点点头。经过和曾农髯的深交，齐白石才发现对方是个正直、有气节的人，两人相交很是投机，不久就成了莫逆之交。

3月30日，夏午诒同杨度等人发起，在陶然亭饯春，赋诗吟唱。

杨度，号晰子，是齐白石的湘潭同乡，也是王湘绮的门生之一，他与曾农髯是很好的朋友。

在当时，京城著名的园林楼台、水榭，如紫禁城、北海、颐和园等处，都是宫苑禁地，一般人是进不去的。而这陶然亭位于城南僻静的地方，芦苇环生，风景幽静，意趣盎然。

《顺天府志》说它："亭坐对面山，莲花亭亭，阳胜万志，亭之下菰蒲十顷，新水浅绿，冷风拂之，坐卧皆爽，红尘中清凉世界也。"所以，每逢清明时节，文人墨客，常常来到这里聚会。

在这次聚会上，齐白石当着众人的面画了一幅精妙、传神的《陶然亭饯春图》，杨度等人见了，由衷地佩服他的才华。

在这之后，齐白石卖画刻印，杨度处处为他介绍客户，所以齐白石在京城的字画刻印生意日渐兴隆，收入也一天比一天多。

3月底的聚会，给齐白石留下难以忘却的记忆。过了几天，他写了一首诗，寄给远在西安的樊樊山，表达了自己喜悦的心境，诗中这样写道：

陶然亭上饯春早，晚钟初动夕阳收，
挥毫无计留春住，落霞横抹胭脂愁。

在这古老的文化名城，齐白石沐浴在艺术的春光之中。琉璃厂的古字画店，各种流派的绘画作品使他流连忘返；四喜、三庆班的京剧，使他陶醉。中华丰厚的艺术精华，以不同的方式，滋养着他，丰富着他。

北京给予他最初的美好的印象，不是它的繁华，而是灿烂的艺术，各种流派的绘画艺术在这里竞争、荟萃。这种得天独厚的条件，湘潭、西安是无论如何也赶不上的。

到了5月，齐白石听说樊樊山已从西安起程，他怕见面后这位臬台大人又提起推荐自己去宫廷当差的事，于是他坚决辞别夏午诒，想要回湖南老家去。

夏午诒不好强留，提出愿意为他在湘潭捐一县丞，也为他今后发展方便一些。齐白石平生最怕见贵人，更无意做官，他谢绝了夏午诒的好意，辞别还乡。等樊樊山抵达北京时，齐白石已经踏上了返乡的归程。

樊樊山听说齐白石已经走了，遗憾地对夏午诒说："齐山人志行很高，但性情却有点孤僻啊！"

齐白石此次的西安、北京之行，是他不惑之年开始远行的第一站，为他一生"五出五归"开了个好头，也为他画风的变革奠定了基础。

中国著名语言文字学家和文字改革家黎锦熙后来评论说：

齐白石的画以工笔为主，草虫早就传神，到他作远游之后，画风渐变，才走上了清晚期海派最有影响力的画家吴昌硕开创的花卉翎毛一派，成为近现代中国画的一代宗师。

努力提升艺术境界

齐白石离开京城，绕道天津和上海回到家时，已经是6月中旬了。回乡的第二天，他就带上远游期间画得最得意的画，和从京城特意给老师买的一些礼物，去探望恩师胡沁园先生。

胡沁园在家身体一直不太好，常生病。此时他看着结实的、英气勃发的门生来见自己，非常高兴。

齐白石将一幅幅他途中画的画，铺展在桌子上，搀扶着胡沁园，一幅幅地翻动着，解说着。

胡沁园看得十分认真，从艺术构思、布局、运笔、题字用章等方方面面，一一仔细地品鉴，一边点头，一边陷入沉思。他为齐白石这半年艺术实践所取得的进步而高兴。他觉得爱徒的这些画，不仅仅是画，而且是祖国壮丽山河的真实再现。尤其是那幅《华山图》，更使胡沁园赞叹不已。

胡沁园称赞说："历代以华山入画，不在少数。真正很传神的，不多，你这也算一幅。尤其这侧峰，一笔下来，如刀削，干、湿相济，若断若续，很有新意。"

说着，他递给齐白石一把精巧的团扇，并要徒弟当着自己的面把华山图的全景缩画在扇子上。

齐白石展开团扇，对着《华山图》，很认真地一笔一画地将《华山图》完整地缩画到团扇上。

胡沁园看到团扇上的作品，很高兴，笑着对齐白石说："读万卷书，行万里路，都是人生快意之事，第二句你做到了，慢慢地再做到第一句，那就更好了。"

他从自己的书架上找了许多书，送给齐白石，并说："这都是历代的名人佳作，不但文字好，而且每诗、每文展现的一个意境，便是一幅画。你好好体味，久而久之，进步就会更大了。"

齐白石认真地记住老师的教诲，当天色不早时，他便起身回家。

第三天，齐白石又去寻找离家前打算接收的女徒弟，却得到小姑娘去世的消息，这件事，给他留下了终生难忘的印象。想到没能教姑娘一些绘画知识，齐白石深感遗憾，他生平念念不忘很多文字艺术知己，这位小姑娘，就是其中之一。

回家后，齐白石又恢复了往日的生活，和以往的老师、朋友一起谈天作画，吟诗刻章。

1904年，过完春节，齐白石的老师王湘绮邀约他与张仲飏一起去游南昌。他们过了九江后，特意去游了庐山，随后到达南昌。到了南昌，齐白石和张仲飏住在王湘绮的家中，白天便去游滕王阁和百花洲等名胜。

王湘绮的另一个学生，是铜匠出身，名叫曾招吉，他听说老师到了南昌，便来拜见。当时，曾招吉在南昌制造空运大气球，试验了几次，都掉到水里去了，一时间成为人们的笑料，但他仍是专心致志地研究。

张仲飏和曾招吉两人虽然都是王湘绮的学生，但他们的性情却大不一样。张仲飏是一个热心做官的人，喜欢高谈阔论，说些不着边际的大话，表示他的抱负不凡。曾招吉则喜欢穿着官靴，迈着鸭子似的八字方步，表示他是一个会做文章的读书人。

因为张仲飏早年是做铁匠的，再加上木匠出身的齐白石和铜匠出身的曾招吉，他们被王湘绮的客人们称为"王门三匠"。

南昌是江西省城，大官儿自然不少，很多人听说王湘绮到了南昌，便时常去王家拜访，张仲飏和曾招吉是非常乐意周旋在这些人中间的，时间一久，他们认识了很多达官贵人。

而齐白石却害怕与这些人打交道，只要一听说这些客人到了，他就躲在一边，避不见面，所以，认识齐白石的人很少。

七夕那天，王湘绮召集三匠一起饮酒，并赐食石榴。

席间，王湘绮说："南昌自从曾文正公去后，文风停顿了好久，今天是七夕良辰，不可无诗，我们来联句吧！"

王湘绮首先自己吟唱了两句：

地灵胜江汇，星聚及秋期。

三匠听了，都没有联上，大家互相看看，觉得很不体面。好在王湘绮是知道他们底细的，看他们谁都联不上，也就罢了。

事后，齐白石把自己所刻的印章拓本，呈给王湘绮评阅，并请他作篇序文，王湘绮当天为他写序说：

白石草衣，起于造士，画品琴德，俱入名域，尤精刀笔，非知交不妄应。

朋座密谈时，有生客至，辄逡巡避去，有高世之志，而恂恂如不能言。

王湘绮的这篇序文是对齐白石的真实写照，这位老师可真算得上是他的知音了。

这是齐白石的第二次出游，从南昌回到家后，他一直想着老师的对联该怎么对，他觉得作诗的学问，如果不多读书打好根基，只会哼几句平平仄仄的话，实在是太幼稚了。

于是，齐白石将自己书房"借山吟馆"的"吟"字删去，更名为"借山馆"，意谓自己离吟的距离还相去甚远。从此，他更加努力地读书、作画、刻印章。

1905年,齐白石在诗友黎薇荪家里,见到清末写意花卉画家赵之谦的《二金蝶堂印谱》,就借了来用朱笔勾出,勾完和原本一点没有走样。此后,齐白石刻印章,就模仿赵体,而他作的画,先前本是画工笔的,到了西安后,渐渐使用大写意笔法。先前他写字,是学中国书画家何子贞的,到北京后,他又改学魏碑。

齐白石出了两次远门,作画写字刻印章都变了样,远行成为他作画写字刻印章作风改变的一个大枢纽。

这年7月中旬,广西提学使汪颂年邀约齐白石游桂林。

汪颂年名诒书,长沙人,翰林出身。广西的山水,是天下著名的,齐白石因此欣然而往。

经过长途跋涉,齐白石终于来到了广西境内。只见一座座独立的嶙峋山峰,拔地而起,峻峭玲珑,奇峰罗列,形态万千。有的像春笋,有的像宝塔,有的像画屏,有的像巨象,有的像驼峰,有的如凌空展翅的鸷鸟,有的如延颈搏击的斗鸡,真是千姿万态,令人目不暇接。

这里的山,又多岩洞。洞内由石乳、石笋、石柱、石幔、石花组成各种景物,奇态异状,琳琅满目,展现出另一样仙境。这里的水,清澈透底,游鱼可见,宛如玉带旋绕群山,构成长达百里的美丽画卷。

画山水的人,只有到了广西,才能算是真正开了眼界。这山山水水使齐白石心旷神怡,兴奋异常,他每天忘情于这奇山秀水之间,早出晚归,精心作画。

时间久了,齐白石想着不能老依赖别人,于是仍以卖画刻印为生,他把樊樊山在西安给他定的刻印收费标准挂了出去,不想慕名而来的人很多。

这时宝庆人蔡锷,号松坡,刚从日本回国,在桂林创办巡警学堂,托人来请齐白石,说巡警学堂的学生星期日放假,常到外边去闹

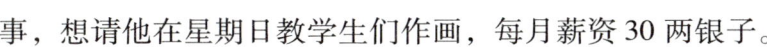

事，想请他在星期日教学生们作画，每月薪资 30 两银子。

齐白石说："学生在外边会闹事，在里头也会闹事，万一闹出轰教员的事，把我轰了出来，颜面何存，还是不去的好。"

30 两银子请个教员，在那时是很丰厚的薪资，何况一个月只教 4 天的课，这是再优惠没有的了。齐白石坚持不去，别人都以为他是个怪人。后来蔡锷自己又有意跟他学画，他也婉言谢绝了。

有一天，齐白石在朋友那里遇到一位和尚，自称姓张。齐白石看他行动不甚正常，说话也多可疑，问他从哪里来，往何处去，他都闪烁其词，只是吞吞吐吐地"唔"了几声，齐白石就不便多问了。

后来，张和尚请齐白石画了 4 个条屏，不仅送给齐白石 20 块银元，而且在齐白石打算回家的时候，特地跑来送行。到了民国初年，齐白石才从朋友口中得知这个"张和尚"就是民国革命人士黄兴。

1906 年，齐白石在桂林过了年，打算要回家时，忽然接到父亲来信，说是齐白石的四弟纯培和长子良元，从军到了广东。齐白石就辞别朋友，取道梧州到了广州。

后来，他打听到四弟纯培和长子良元跟郭葆生到钦州去了，又匆匆忙忙地赶到了钦州。

郭葆生本也会画几笔花鸟，虽画得不太好，却很喜欢挥毫。因为他官衔不小，求他画的人倒也不少。齐白石到了以后，郭葆生好像有了一个得力的帮手，应酬画件，就叫齐白石代为捉刀，还让他的夫人跟齐白石学画。

齐白石将郭葆生收罗的许多名画，像八大山人、徐青藤、金冬心等人的真迹，都临摹了一遍，受益不浅。

到了秋天，齐白石跟郭葆生订了后约，独自回到家乡，这是他五出五归中的三出三归。

这年回家，齐白石听说把自己视为亲生儿子的周之美师傅去世了，他赶到师傅家大哭了一场。周之美把他雕花的绝技，全套地教给了齐白石，为齐白石的成长竭尽了自己的心智，齐白石怎么能不伤心呢？

在悲痛之中，齐白石提笔疾书，写了一篇《大匠墓志》，把周之美勤劳的一生，高尚的人格，精湛的技艺，以及他对恩师的一腔情感，一一倾注于笔端。

这时，齐白石家租居的梅公祠房屋租约到期，他便在余霞峰山脚下和茶恩寺茹家冲地方，买了一所破旧房屋和20亩水田。

茹家冲在白石铺的南面，相隔12公里。西北到晓霞山，也不过15公里。东面是枫树坳，坳上有大枫树百十来棵，都是几百年前遗留下来的。西北是老坝，又名老溪，是条小河，岸的两边，古松很多。房屋的前面和旁边，各有一口水井，井边种了不少的竹子，房前的井，名叫墨井。这一带在四山围抱之中，风景很是优美。

齐白石把破旧的房屋，翻盖一新，取名为"寄萍堂"。堂内建一书室，取名为"八砚楼"。名虽为楼，实际上并非楼房，题此名是因为齐白石在远游时曾得来八块砚石，放在室中，所以取了这个名字。

年底，齐白石的大儿媳生了个男孩，这是他的长孙，取名秉灵，号叫近衡。因他生在搬进新宅不到一月，故又取号移孙。

1907年，齐白石应郭葆生上年之约，再次来到了钦州。

这一时期，腐败和黑暗的清王朝正处于风雨飘摇之中，孙中山领导的资产阶级革命，已经发展到了一个新的阶段。

6月，安徽巡警学堂堂长和光复会员徐锡麟刺杀巡抚恩铭失败，被捕就义。鉴湖女侠秋瑾也以身殉国，演出了中华革命史上悲壮的一页。7月，同盟会先是发动黄同和惠州七女湖起义，继之是钦州起义，但都遭到清王朝血腥的镇压。

不过，英烈们用鲜血和生命布下的火种，已经在广大贫苦的民众中逐渐地蔓延，使齐白石在漫漫的长夜之中，看到了一丝微弱的光亮。

对于革命，齐白石当时的理解是肤浅的。但他坚信，这一切能使自己的祖国和民族好起来。他当时没有直接卷入到斗争的旋涡之中，然而，他时刻都在关注着形势的发展和革命的命运。

在钦州，郭葆生仍旧让齐白石教他的夫人学画，兼给自己代笔。不久，齐白石随同郭葆生到了肇庆，游鼎湖山，观飞泉潭。后又去了高要县，游端溪，谒包公祠。并随军到东兴，过北河铁桥，领略越南芒街风光。见野蕉百株，满天皆成碧色，遂画《绿天过客图》。这年冬天才返回家乡，这是他五出五归中的四出四归。

齐白石一向不愿和官场打交道，然而，在他第五次远游时，却与政治发生了关系。

1908年，齐白石早年在"龙山诗社"认识的朋友罗醒吾在广东提学使衙门任事。2月，齐白石应罗醒吾之约到了广州。此时，罗醒吾已参加了孙中山领导的同盟会，他冒着风险，在文书的身份掩护下，做着秘密的革命工作。

两人见面后，就海阔天空地畅谈起来，从绘画、艺术，直到家事、国事，无话不说。由于他们之间关系密切，所以罗醒吾悄悄把革命党和他的工作情况告诉了齐白石，并对齐白石说："都是自己人。"又凑近齐白石耳边悄声说："必要时要借重你，不知你能不能答应？"

齐白石一听，微微震动了一下。他知道醒吾所说的"借重"是什么意思。

齐白石语气坚定，神情严峻地回答："朋友之道，理应互相帮助，何况为了国事，只要力所能及，无不唯命是从，但不知要我办的是什么事？"

罗醒吾见齐白石同意了，高兴地说："请你传递些文件，有困难吗？"

齐白石点点头。虽然对于革命，他的理解还不是很深，但他看到当时社会的黑暗、腐败情况，听说"鉴湖女侠"秋瑾以身殉国等的悲

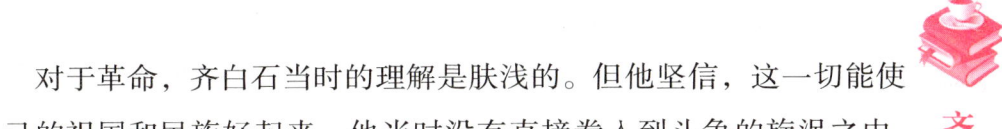

壮事迹，相信自己的朋友醒吾所从事的事业，是为了祖国和民族的利益，所以他当下就答应了。

罗醒吾感激地拜倒在地，"事关重大，只要濒生兄能助一臂之力，民族有幸，国家有幸。在这里，请受弟一拜。"

齐白石慌忙地把他扶了起来，感慨地说："天下兴亡，匹夫有责。你别看我整天埋头画画，可是这时局，谁不忧心如焚！我也苦于报国无门啊！"

按照与罗醒吾商定的办法，齐白石在广州安顿了下来。在离提学使衙门不远的另一条街上，租了一间铺面小屋，挂起了买卖，开始了他的卖画刻印生涯。

此时的广州，不管是士大夫阶级和一般的平民，都喜欢的是清初"四王"一派的画。这四王分别是太仓人王时敏的山水，王世源的孙子王鉴临摹的董源、巨然的画，以及王翚、王原祁的作品。

由于这个原因，齐白石在这里的画卖得并不好，倒是他的印章却很受广州人的喜爱，当地人都称赞他的印章布局严谨而富于变化，刀法好，每天前来求他刻印的不下一二十人，他应接不暇，生活过得十分充实。

罗醒吾也时常到齐白石的铺子里来坐坐。因为这地方往来人多，大多是士大夫和富有人家，很容易掩人耳目。有什么文件，交给齐白石，按约定的暗号，包在画卷里，再秘密地递给有关的人，十分稳妥、安全。齐白石在传递期间，始终没有露出痕迹。

这年秋天，齐白石的父亲来信叫他回去。在家没住多久，他父亲又叫他去往钦州接他四弟和长子回家，他只好又动身来到了广东。

直到第二年夏天，齐白石才带着四弟和长子，经广州到了香港，又换乘海轮，直达上海。在上海住了几天，才坐火车去往苏州。到苏州天已黑了，他们便乘夜去游虎丘。苏州园林独特，景色优美，齐白石在此逗留了一个多月才返归故里，这是齐白石五出五归的最后一次回家。

通过这五次外出，齐白石感觉自己的国学底子很差，于是发愤苦读，天天读古文诗词以加强自己的文学修养。

同时，齐白石也不放松绘画，闲暇的时候，他把游历得来的山水画稿，全部重画了一遍，编成《借山图卷》，一共52幅，并在题记中写道：

> 吾有"借山吟馆图"。凡天下之名山大川，目之所见者，或耳之所闻者，吾皆欲借之，所借之山非一处也。

从1902年至1908年，对齐白石来说是重要的7年。所谓"读万卷书，行万里路"，齐白石在而立之年完成了读万卷书，而行万里路正是在他年将半百的这7年中实现的。

在足迹踏遍华山、庐山、嵩山、蜀山、巫峡、阳朔、长江、黄河、珠江、洞庭这些名山大川之后，自然界那些形状奇伟、境界蹊怪的石山，给齐白石留下了极深的印象，成为他日后构搭自己山水图式的至高典范。

痛失恩师伤心欲绝

齐白石自从回到家乡之后，就不再打算远游了，他决定在这宁静优美的山村长期隐居下来，直至终老。

这一时期，随着清末政治的腐败，外国列强的侵入，齐白石的心境也悲凉到了极点。他深感自己一介布衣，无力给多灾多难的祖国什么帮助。他只有一管笔、彩色的笔，只能用它抒发自己对故土、对家乡父老、对祖国壮丽山河的眷恋之情，寄托他的全部爱与恨。

齐白石回家后，重新对茹家冲新宅进行了布置，他觉得自己奔波和辛劳了大半辈子，如今需要一个比较舒适的栖身之所，以安慰自己疲惫的灵魂了。

这时候，他的父母年纪已经很大了，大儿子成家了，其他的儿子也都大了，女儿也结婚了。他们居住的地方很安静，此时的齐白石也快50岁了，他在这里过着乡下文人的生活。

他每天早上起得很早，除了在院子里种树养鱼，在花园里种菜种花以外，有时候看看唐、宋诗词，有时候刻图章、画画。不过，当他工作起来，常常会连吃饭、睡觉都忘了。

这个时期，齐白石最重要的作品就是他在1910年替朋友胡廉石画了24张石门的风景画，也就是有名的《石门二十四景图》。

据说，齐白石花了3个多月的时间才画完，这是他五出五归之后，第一次大规模地连续作画。比起10多年前的《南岳全景图》，他的绘画功夫又不知提高了多少倍。为了画好这24幅画，朋友胡廉石专门约上齐白石和其他几个好友去石门一游。

齐白石的《石门二十四景图》每一景图，在意境、技法上，各不

相同，可谓各有追求，各有新意。有的以南朝梁张僧繇的"没骨图"技法，不用墨线勾勒，直接以青、绿、朱、赭等颜色，染画丘壑树石；有的则不着一色，纯用笔墨，焦、浓、重、淡、清并用，恣肆挥洒，淋漓毕现；有的则或点苔、或渲染、或烘托，把一个石门的壮丽河山，收入了咫尺之中。

此画画好后，胡廉石又专门请湘潭著名语言文字学家黎锦熙先生在画上题诗。

过了几年，胡廉石又找到齐白石，把《石门二十四景图》拿出来，请齐白石题诗。因为《石门二十四景图》不但是齐白石画的，又有他写的字和他题的诗，后来成了研究齐白石的重要资料。据说，这些画后来到了东北，被政府高价收购，已经不是私人的收藏品了。

齐白石心境最好的时候是他旅行刚回来的头三年，但是好景不长，以后几年，不痛快的事情接二连三地发生。

1914年4月，齐白石年仅27岁的六弟去世了。

齐白石沉浸在悲痛之中，在得到消息的当天晚上，他就在素笺上写了两首诗，寄托对六弟的哀念之情，诗文如下：

偶开生面戌中时，此日伤心事岂知？
君正少年堂上老，乃见毛发雪垂垂。

堂堂玉貌旧遗民，今日真殊往岁春，
除却爷娘谁认得，天涯沦落可怜人。

意外地失去亲人，使齐白石消瘦了很多。春君很着急，请中医为他诊脉。服了几服中药，几天后，他的身体总算缓和了过来。

不久，齐白石的恩师胡沁园先生也溘然而世。

一个月前，齐白石还专程去探望了胡沁园先生。当时，胡沁园虽然有点病，不住地咳嗽，但精神很好，见白石来了，他很高兴。

齐白石把自己新近创作的山水、花鸟画送给胡沁园看。在这些画中，他一改过去的画风，先勾勒外轮廓，再分石纹，然后用皴染的笔法，只用墨和颜色点染而成。因而画中的山石自然成趣，形神兼备。

胡沁园很仔细地看着齐白石在技法上的新探索，连连叫好。他对齐白石说："你这些年把笔用活了。由于基本功扎实，极尽变化，这顺笔、逆笔，有快慢，有轻重；转折回旋，表现出了顿挫与飞舞的节奏。色泽也明快、恰当。"

胡沁园为齐白石指点、解释着，拉爱徒在自己身边坐下，并提议爱徒应该把民间劳苦大众在困厄之中那种欢乐、坚忍不拔、蓬勃向上的精神风貌，融汇进自己的画之中，形成自己独特的艺术风格。

临走时，他又取出一卷历代评画的书——《画品》交给了齐白石，他告诉爱徒："这是前人关于画的许多看法，有一定的道理，有时间翻翻。懂得古人是怎样品画，包括技法、墨法、构图、设色，不会没有好处的。"

《画品》是南朝谢赫写的绘画理论著作。谢赫，南朝齐、梁人，事迹不可考，善画，尤善人物肖像，"写貌人物，不俟对看，所须一览，便归操笔"。

谢赫有很强的默画能力，也有一定的创造精神。他撰著了《画品》，使他作为绘画理论家而享名后世。

因《画品》中收有卒于梁武帝萧衍中大通四年（532）的画家陆杲的作品，故推断该书约成书于梁武帝之时。

《画品》是中国现存最早的一部完整的评论画家艺术的论著，它与钟嵘的《诗品》、庾肩吾的《书品》一样，同是齐梁时期文艺评论和文艺鉴定盛行一时的产物。

《宋史·艺文志》中称此书为《古今画品》，明刊本则标名为《古画品录》。

《画品》在序中首先阐明"夫画品者，盖众画之优劣也"，即本书系品评画家艺术高下之著作，又提出绘画的社会功能为"明劝诫，著升沉，千古寂寥，披图可鉴"。

齐白石手捧此本，很感激老师给自己的提议和帮助。可谁知这竟是他们之间的最后一次见面。

接二连三的打击，使齐白石苍老了许多。

六弟是他的手足亲人，胡沁园是他的恩师，也是他生平的第一知己，齐白石之所以有现在的成就，是和胡沁园的倾力栽培分不开的。如今两人一别千古，齐白石真不知道该如何表达自己的满腔悲痛。

齐白石认真地画了几幅他们生前最喜欢的画，亲自动手裱好，装在亲自糊扎的纸箱内，分别在他们的灵前焚化。

同时，齐白石又作了七言绝句14首，以及一篇祭文，一副挽联纪念自己的老师。

其中，他的七言绝句14首中，有以下几首：

榴花饮欲荷花发，闻道乘鸳拥旅旌。
我正多忧复多病，暗风吹雨扑孤荣。

此生遗恨独心知，小住兼旬耐旧时，
书问尚呈初五日，转交犹鲁石门诗。

忌世疏狂死不规，素轻余子岂相关，
韶塘以外无游地，此后人谁念借山。

他在挽联上这样写道：

衣钵信真传，三绝不愁知己少；

功名应无分，一生长笑折腰卑。

齐白石把对胡沁园的深深思念、感恩之情，一一倾诉于纸上。对于先师高尚的人品，给予应有的评价。这副联语，虽说是齐白石悼念老师的，其实也是写他自己的。它表达了自己对人生、对艺术的理解与追求。

1915年冬天，又传来一个不幸的消息，长沙的王湘绮老师故去了，享年85岁。

早在1911年清明节的第二天，王湘绮就曾借友人程子政家的超揽楼，召集友人饮宴，看樱花海棠，并写信请齐白石前去，他在信中说：

借盟协揆楼，约文人二三同集，请翩然一到。

齐白石接信后，立即赶了去。同去的，除了程氏父子，还有嘉兴的金甸臣、茶陵的谭祖同等。

瞿子玖，当过协办大学士，军机大臣，现隐居在家。他的小儿子直颖，20来岁，号兑之，也是王湘绮的门生。

在饮宴间，瞿子玖作了一首樱花歌七古，王湘绮作了四首七律，金甸臣和谭祖同二人也都作了诗。但在此次的宴席上，齐白石没有作诗，虽然王湘绮再三催促，他还是没有拿出来。

经历了这10多年的艺术实践，齐白石深深感到诗易学、难工，没有新意，他是不轻易拿出来的。更何况，当时的宴席，虽然气氛活跃、欢乐，但他却是另一番的心境。

就在他赴宴的前一天晚上，一位朋友私下告诉他，几天前革命党在广州起义，失败后，有72人被杀害于黄花岗。这个消息使他十分震惊。

齐白石想起了朋友罗醒吾，想起了自己在广州为革命党秘密传递文件的那些日子，心情非常难过。

尽管王湘绮是他的老师，他钦佩老师的才华、学识，但对于老师的政治主张，他们从未一起讨论过，他有自己的看法。翟子玖不当军机大臣了，告老还乡，在这乱世之中，隐居不仕，也是他这样身份的人的一种退身之计。齐白石认为，这种不仕与他的终生不做官，是大同小异的。

因此，这次的饮宴，客人们各人带着怎样的一种心境，齐白石自己不很清楚。反正他已被前晚的消息弄得没有心思做任何事。

根据老师的要求，齐白石于第二天下午，补写了一首诗，带给了王湘绮。诗中写道：

往事平泉梦一场，恩师深处最难忘，
三公楼上文人酒，带醉扶栏看海棠。

齐白石在诗中写出了对恩师的崇敬，也写出了他对当今社会的无奈。本来，那次宴会上，王湘绮还要求齐白石作一幅画，但碍于当时的情绪，齐白石终于没有作，没想到这竟是最后一次与恩师的会见。

恩师王湘绮的死对齐白石又是一个意外的刺激！4年中，亲人、恩师一个接一个地离他而去，这叫他如何不悲痛欲绝呢？想着王湘绮对自己的帮助，他专程跑到恩师的墓前去哭奠了一场。

淡泊名利一心向学

1917年,由于连年兵乱,齐白石的家乡,常有南北军队互相混战,枪炮声不绝于耳,吓得百姓连大门也不敢迈出。聚集在附近的土匪也乘乱抢钱抢粮,地方官员们不但不消灭土匪,而且还要强征税收,百姓稍有违抗,大祸就会降临,面对这样的世道,齐白石只能唉声叹气,一筹莫展。

就在他愁眉苦脸的时候,在京城做官的樊樊山来信,劝他北上京城居住,以卖画为生。齐白石看看眼前的乱世,只好无奈地辞别了父母和妻子,携着简单的行李独自动身北上。

齐白石到达北京之后,先住在好友郭葆生家中,后来又搬到西砖胡同法源寺内居住。

安顿好了以后,齐白石就在琉璃厂附近的南纸铺,挂了卖画刻印的生意,开始了他在京城的卖画生涯。就在这个时候,他艺术历程中一个非常重要的人物出现了,这就是当时在教育部任编审员的大名鼎鼎的大画家陈师曾。

陈师曾,也叫陈衡恪,是我国近代美术史上一位杰出的画家,是吴昌硕之后新文人画的重要代表人物。他的大写意花鸟画,笔致矫健,气魄雄伟,颇负盛名。

陈师曾兼得传统文化遗风及新式学堂教育,对中西文化有着全面的了解。同时,他还是一位著名的社会活动家,担任着多所大学的教授,他对促进北京美术界的繁荣发挥了重要作用,被时人誉为"位居北京画坛之首"的传奇人物。

这天,陈师曾在琉璃厂见到了齐白石刻的印章,大为赞赏,他特

意找到齐白石住的法源寺，前去拜访。

陈师曾仔细看了齐白石屋内挂在墙上的几幅画，这些是齐白石的新作。陈师曾赞赏地说："先生的印，雄伟刚劲，有高深的造诣。俗话说'宽能走马，密不通气'，构想不一般。"

他若有所思地问齐白石："先生治印有多少年了？"

齐白石沉吟了一下，说："说来也有二三十年了，但总不如意，请先生多指教。"

陈师曾又关切地问："您的画，我见过，功夫不浅，在京城卖得好吗？"

齐白石一听，笑容为之一敛，低沉地说："京城买我的画的人不多。对我的画，说法也不一样。不知先生有什么高见。"

陈师曾说："老实说，我很欣赏您的画，创作大胆，笔墨高超。不过，并不是每个人都能看出这其中的奥妙的。您初来京城，很少人认识你，以后慢慢应该好了。"他叹了一口气说，"能不能给贤弟我欣赏欣赏您的画，一饱眼福？"

齐白石高兴地说："好好好，还请先生多多指教！"说完，他拿出自己画的《借山图卷》请陈师曾点评。

陈师曾看完画册后说："齐先生的画格是高的，但还有不够精湛的地方。"

说着，他恳切地指着一处山峦的皴法和设色，说："这地方改为干湿相济而远近群山大胆删减，画面就显得更为简练而明快。这些意见不知对否？"

齐白石一听，高兴地说："陈先生不愧是苦铁的高足，说得实实在在。"

他们真挚、恳切地谈了很久，大有相见恨晚之感。齐白石非常兴奋，就着桌上的宣纸，提笔从容挥洒，画了一块巨石，惟妙惟肖。

画完，齐白石换了一支细毛笔，在嶙峋山石的右下角写下题记：

> 凡作画欲不似前人难事也。余画山水恐似雪个，画花鸟恐似丽堂，画石恐似少白。

齐白石题记中的"雪个""丽堂""少白"指的均是清代几位杰出的名画家。题记的意思是说不论是画山水花鸟画，还是画石头等类画，齐白石都不以模仿前人为满足，而自己要有不断创新的艺术进取精神。

陈师曾看了他的画和题记，不住地点头赞许，也兴奋地题了一首诗给齐白石。

在诗中，陈师曾高度赞扬了齐白石的绘画和篆刻，同时也指出齐白石的绘画风格恐怕难被世人所接受。他告诫齐白石不要迎合别人，要发挥个性，走自己的路。

从这以后，齐白石成了陈师曾家的座上客。每天晚上，齐白石都要带上自己的作品，进宣武门，到西单库资胡同陈师曾的书房"槐堂"虚心请教。两人惺惺相惜，谈画论世，交往越来越深。

齐白石这次来京，除了新结识的朋友陈师曾之外，还认识了很多其他朋友，如江苏泰州凌直支、广东顺德罗瘿公和罗敷庵兄弟、江苏丹徒汪蔼士、江西丰城王梦白、四川三台萧龙友、浙江绍兴陈半丁、贵州息烽姚茫父、易实甫等人。

凌、汪、王、陈、姚都是画家，罗氏兄弟是诗人兼书法家，萧为名医也是诗人。加上齐白石以前在京城认识的郭葆生、夏午诒、樊樊山等人，齐白石常与这些新旧朋友一起聚谈，他的异乡生活并不寂寞。

不过，在齐白石新认识的朋友中，当有人知道他是木匠出身后，就觉得齐白石比他们低下一等。其中有个科榜的名士，此人能画能写，不仅看不起齐白石的出身，还看不起齐白石的作品。

有一次，此人当着朋友的面对齐白石说："画要有书卷气，肚子里没有一点书底子，画出来的东西俗气熏人，怎么能登大雅之堂呢！讲到诗的一道，又岂是易事，有人说，自鸣天籁，这天籁两字，是不读书的人装门面的话，试问自古至今，究竟谁是天籁的诗家呢？"

齐白石知道此人的话是针对自己说的，但懒得与他计较，因为此人在齐白石眼中，只是个靠科榜的名气卖弄身份的人，与这样的人争一日之短长，会显得小气。

齐白石在那天聚会中，还作了一首《题棕树》诗，其中有两句这样写道：

任君玩厌千回剥，转觉临风遍体轻。

齐白石的这首诗，表现出了他淡泊名利、一心向学的处世观，毁誉任之，走自己的路。

9月底，听说家乡战事稍稍稳定，齐白石立即返回家中。可是回家后他才发现，家里的乱事比他离开时要严重得多，他的家里，一些值钱的东西都被兵匪抢劫空了。齐白石觉得，家乡是不能再待下去了，他决定带着妻儿一起定居北京。

此时，齐白石的父亲已经81岁，母亲75岁，两位老人都需要人照顾，他的妻子放不下年迈的父母，于是决定带着儿女留守家园。

可以说，齐白石事业的成功，与他的妻子春君有着极大的关系，她的身上有着中华民族女性善良、贤惠和吃苦耐劳、默默奉献的美德。无论生活多么艰难，她都以惊人的毅力侍奉公婆，照顾小姑和小叔，毫无怨言。

此时，春君考虑的仍不是自己，而是齐白石的生活。她对丈夫说："我是个女人，带着儿女留在老家，见机行事，应该不会出什么事，等你在北京站稳了脚跟，我再来往于京城与老家之间，也能时时与你见面，只是你只身在外，没人照顾，一定很不方便，干脆我给你找一个侧室，在京安家，省得我时常为你操心。"

春君处处为他设想，体贴入微，齐白石真有说不尽的感激，他强抑着别离的痛苦，踏上了去京城的路。

到了北京，齐白石仍住在法源寺庙内，以卖画刻印为生。到了中秋节时，春君给他写信说，自己已为他找好了侧室，要齐白石准备好住的地方。

齐白石托人在右安门内，陶然亭附近，龙泉寺隔壁，租到几间房，搬了进去，这是他在北京正式租房的第一次。不久，春君来到京城，为齐白石带来了自己选好的侧室胡宝珠。

胡宝珠生于1902年，小名叫桂子，时年18岁，是四川丰都县转斗桥胡家冲人，在湘潭一亲属家当婢女，出落得十分标致。在陈春君的操持下，齐白石和胡宝珠简单地举行了成亲仪式。

春君总算为自己找到一个代替照料齐白石的人，心里十分高兴。她待胡宝珠亲如同胞姐妹，精心地照料她和教导她。她还把齐白石的起居、饮食、生活、作画、刻印等习惯，一一详细告诉胡宝珠，胡宝珠默默领会，一一照春君教她的去做。

转眼到了冬天，湖南战事又起，春君挂念家园，要回家乡，齐白石于是陪她一起回家。

当时的湖南，兵匪不分，强盗多得很，齐白石写诗感慨：

愁似草生芟又长，盗如山密铲难平。

1920年春，齐白石带着三子良琨和长孙秉灵去京城上学。这年，良琨19岁，秉灵15岁。谁知他们刚去北京后不久，京城却发生了直皖战事，齐白石只好又带着家人搬了几次家，最后才在西四牌楼迤南三道栅栏6号安定了下来。

卖画成为名家

挥扇可以消暑,着裘可以御寒;二者均须日日防,任世人笑我癫狂。

——齐白石

虚心借鉴前人经验

齐白石在京城安定下来以后,依然靠卖画为生。此时,因为他的侧室、儿子和孙子都在身边,所以一家人的开销很大,齐白石感到压力极大。

偏偏在这个时候,他的画在京城却卖得不好。

原来,自1840年鸦片战争以后,帝国主义打开了中国闭关自守的大门,西方资本主义文化传了进来。接着,凡是具有维新思想和崇尚新学的人,都把改革社会和振兴国家的希望寄托在对西方文明的学习上。

美术界也是如此。他们兴办美术学校,派遣留学生出国,学习西方美术技法,到了五四运动时期,美术界的有识之士还在民主和科学思潮的影响下,提出了美术革命。

在这样一种形势下,学西画的思潮开始盛行起来,采用西画的写实精神也成为大势所趋。西方美术思潮的大量涌入,冲击了古老的中国画坛,促使中国的美术家们对传统的中国画进行了认真的反思,许多画家还进行了新画法的尝试。

此时,齐白石主要画两种画,一种是从300年以前的八大山人那里学的写意画,一种是跟湖南几位老师学的工笔画。他画的写意画,因为不够热情,所以北京人不太喜欢。至于工笔画,因为画的人太多,所以买的人也很少。

为了能卖出画,齐白石甚至想将自己的画卖得比别人便宜一半,但还是卖不出去。

齐白石觉得这个情形有点不对。有一天,他的一个湖南朋友请客，在朋友家里，齐白石看见了清朝黄慎的画，他认为黄慎的画，比自己的画好得多，但到底好在哪里，他又说不上来。

后来，还是陈师曾为他解开了心中的疑团。

一天，齐白石在画梅花，取法于宋代的画梅名家杨补之，陈师曾看后指出："工笔画梅，费力不好看，也没有什么太出奇的地方。你要是想画得出奇，非想出一个新的主意，换一个新的画法不可。要不然，大家都画一样的画，都显不出自己的水平。"

听了陈师曾的建议，齐白石认为很有道理。于是，他决定来一次大的改变。

齐白石的画早年以工笔为主，草虫显得很传神，这既得力于摹古，又得力于对生活的细致观察。当他云游四方，又学习了中国清代画家石涛、罗两峰、金冬心及清代著名绘画流派"四王"的画法后，逐渐改变了画风，向写意方向转化。

现在，齐白石听了陈师曾的建议，决定广泛借鉴前人的经验，进行创新。为了摸索出一条适合自己才秉和气质的艺术道路，齐白石付出了异乎常人的精力和代价。

从1920年起，他除了1925年2月生病，第二年因为接到母亲去世的消息，共有10天没有画画以外，其他时间他都是从早到晚泡在画室里。

直到这时，他才体会到，谈"变"容易，真"变"却很难。他认为画工笔画可以把东西画得很像，但却不容易把东西的精神画出来；大笔画不难把一个主题勾出来，可是不容易画得传神。

换句话说，就是画一个东西的外表形状不难，可是用几笔把特点画出来很不容易。为了这个问题，齐白石不知道费了多少精神，他要画出自己的风格，可是又不能立刻成功，他必须要跟中国从前的画家学习。

有一次，齐白石对自己说，他真希望自己早生300年，好跟当时的画家学画，替他们磨墨、拉纸。要是他们不需要他帮忙，他愿意站在他们的门口，就是饿死也不离开。

齐白石这次要变的笔法，主要是学当时的画家吴昌硕的画。吴先生教过陈师曾先生画画，他的画是用大笔写意的法子，颜色用得很重，笔力很好，看起来非常动人。

齐白石常常把吴先生的画拿来，一张一张地照着画。有时候，一画就是好几天。齐白石这么练习，目的不是要画得跟吴先生一模一样，而是要学他的笔力，学他画中那种活生生的精神。他的目的是从吴先生笔法的基础上，创造出自己的新风格。

他常常想起吴先生说过的一句话："学别人的东西很容易，可是要想创造自己的风格，那是很难的事情。一个人花半年的工夫就可以学别人的皮毛，可是他得花50年的工夫才能自成一家。"

齐白石要学的不是别人的皮毛，而是别人的长处，然后用这些长处进行创新。这一阶段，齐白石除了学吴先生的画以外，也学其他朋友的画，有时候连徒弟的好画他都学。

比如，有一次，他从外边回来，拿着一张画，高兴地对宝珠说："哈哈，我今天可发现了一件好东西！"他一面说着，一面展开手中的画，"你看，这幅《梅鸡图》画得多好，不落套，有新意。"

宝珠看他高兴的样子，在一旁问："哦，这是哪位大画家画的？"

齐白石乐得合不上嘴说："估计你想猜都猜不到，这是我们未来的大画家、我的一个徒弟画的。"

说到这儿，他又欣慰而得意地说："这是我特意借来要临摹的。"

齐白石这种虚怀若谷的学习精神，在他的徒弟们周围很快就传开了，他的精神深深地感染了徒弟们。他们没有想到，自己的老师不仅艺术修养高，而且人品也这样高尚。

一个星期以后，齐白石把自己临摹的那张画送给了徒弟，而把徒弟画的那幅画留下来作样本。

经过不断的学习，到了1927年左右，齐白石终于独创出红花墨叶的两色花卉与浓浓几笔的蟹与虾的新的画法，这种画法被时人称为"红花墨叶派"。在这种画里，行家再也找不出八大山人和吴昌硕的画的影子了。

齐白石画的主要是大笔画，红花墨叶是他的特点，用简单的几笔把要画的主题画出来是他最大的长处。我们现在所看见的齐白石的画，多半是他57岁以后的大笔画。

齐白石创新的画，首先表现在题材上。他所画的，必是自己见过的东西，以真情实感为依据进行艺术创作，是他作品有特色的首要原因。其次就是他在深厚传统功力的基础上，以自己摸索出来的为"万虫写照，百兽传神"的笔墨技巧，成功地实践了他所坚持的"妙在似与不似之间"的作画信条。

齐白石改变画法后，自己的心中并没有底，他不知道自己的红花墨叶画出来的效果怎样。恰好在这时，一个在众议院当议员的湖南人，名叫易蔚儒的，请齐白石画一把团扇。齐白石便用新创的画法画了。

几天之后，鉴赏名家林琴南到易蔚儒家做客，无意中看了齐白石画的那把团扇，大为赞赏，说："南吴北齐，可以媲美。"

他把吴昌硕和齐白石相提并论，把他们都看作是当代的文人画大家。不久，在易蔚儒的介绍下，齐白石结识了林琴南、徐悲鸿、贺履之、朱悟园等人，并与他们成了好朋友。

在北京定居后，齐白石深居简出，大部分时间都在进行自己的艺术探索，但也在朋友的介绍下，与艺术界的一些名流有一些交往。在这段时间，他不仅结识了林琴南等人，还收了京剧大师梅兰芳为徒。

在民国以前，艺人是没有社会地位的，那时不允许女子登台演出，唱戏的都是男人。当时的传统文人与艺人之间也很少交往，有些文人与漂亮的男旦往来，基本上也是一种狎玩的关系。

"五四"新文化运动前后,京剧走向鼎盛。艺人们开始自觉地追求人格的完善和转变,注重文化修养,他们需要像那时的文人一样具备能写能画的最基本素质。文人和艺人们也形成了一种新的关系,除了诗酒堂会雅集之外,更多的是艺术上的合作。

梅兰芳1915年开始学画,先拜名画家王梦白为师。以后,他又通过戏曲理论家齐如山结识了陈师曾、金城、姚华、陈半丁等大画家。

齐如山比齐白石大10多岁,1916年以后,他和其他几位剧作家一直为梅兰芳编排京剧,齐如山为其编创的时装、古装戏及改编的传统戏有20余出。梅兰芳的几次出国演出,齐如山都协助策划,并随同出访日本与美国。

齐如山是通过陈师曾结识齐白石的,1920年9月,他介绍梅兰芳与齐白石见面。

这天,梅兰芳邀请齐如山和齐白石到前门外北芦草园的梅宅做客。一进梅家,浓郁的花香扑面而来,满院花木艳丽耀眼,特别是那五彩缤纷的牵牛花,让齐白石看得呆了。

梅兰芳从齐白石的眼神里,知道他被这花吸引住了,就微笑着说:"齐先生也喜欢牵牛花?"

没等齐白石回答,齐如山接话说:"白石先生最擅长画花卉,今天可算是大饱眼福了,光是牵牛花,梅先生就种有100来种!"

齐白石惊讶地睁大眼睛问:"是吗?竟有这么多种!那可真是大开眼界。"

他又转身向梅兰芳说:"梅先生真了不起啊!居然培植出了这么多种的牵牛花。"

不等梅兰芳开口,齐如山就抢着说:"不如我直说了吧,这牵牛花,俗名'勤娘子'。顾名思义,这种花不是懒人所能养的,必须经过辛勤的培养才能培植成功。物以明志,白石先生您画画不也一样?您喜欢画荷花、梅花,不就是因为荷花'出污泥而不染'的高洁、梅花不惧严寒的傲骨吗？"

听了齐如山的介绍，齐白石风趣地说："哈哈，不过现在，我又爱上这'勤娘子'了！"

大家一听，都笑了。

齐如山听出了齐白石想画牵牛花的意思，便对梅兰芳使一个眼色，要梅兰芳求画。

哪想梅兰芳还没有开口，齐白石就笑盈盈地说："梅先生如此喜欢牵牛花，那我就借用梅先生的笔墨，试画一张牵牛花作纪念吧！"

梅兰芳高兴地说："先生这样看得起我，实在是求之不得啊！"说着，他亲自敏捷地理纸、研墨。

齐白石凝神片刻，便下笔画起来。他首先三四笔便勾出一朵盛开怒放的牵牛花，又两三笔点出一朵含苞欲放的花蕾。这用的正是没骨画法。

梅兰芳目不转睛地看着画面上那宛如刚刚绽放的鲜花，不禁赞赏地说："老先生实在是国手、神笔，今天使我开了眼界。"

他想了一下，继续说："先生对我的厚爱我无以为报，这样吧，我为先生唱一段《贵妃醉酒》，不知先生喜不喜欢？"

齐白石本来就爱听梅兰芳的戏，听他这么说，他自然高兴地回答："最好，最好，我就爱听您唱的《贵妃醉酒》。"

齐、梅两人都被对方的艺术和人格魅力所吸引，听完戏，梅兰芳又把自己最近作的画拿给齐白石看。

齐白石对梅兰芳说："听说梅先生学画很用功，今天看了您画的佛像，确实很不错。"

梅兰芳说："我是笨人，虽说有许多好老师，可还是画不好。我喜欢您的画，我想学习您用笔的方法。"

齐白石爽快地点头同意。从这以后，两人成为了忘年之交。齐白石不仅和梅兰芳交上了朋友，也和牵牛花交上了朋友，并开始一心研究牵牛花的画法。

这一年,齐白石58岁,梅兰芳26岁。只是此时的梅兰芳大名鼎鼎,事业如日中天,而齐白石则是初来乍到,还在为生计奔波。

两人初次见面后不久,有一天,齐白石到一个大官家去应酬,满座都是阔人,齐白石穿着朴素,在锦罗绸缎的人群中显得很是另类。他认识的人又少,所以没人搭理他。齐白石很尴尬,自觉没趣,后悔到这来。

正在进退两难之际,梅兰芳在众人的簇拥下进来了,他一看见齐白石,赶紧上前,恭恭敬敬地鞠躬行礼说道:"您老先生也来了,实在难得,实在难得。"说着,他亲切地搀扶站起来的齐白石坐下。

梅兰芳的举动让在座的人大为惊讶,他们在一旁小声地议论说:"这老头儿是谁呀,能让梅兰芳如此恭敬?"

梅兰芳向众人介绍说:"这是我的老师、知名画家齐白石。"

听了梅兰芳的介绍,其他人才纷纷拥了过来,亲切地同齐白石寒暄、叙谈,将齐白石紧紧地围在了中间,齐白石的面子算是圆了回来。

为了报答梅兰芳的厚意,齐白石当晚回家特意画了一幅《雪中送炭图》,送给梅兰芳。画上题道:

曾见先朝享太平,布衣蔬食动公卿。
而今沦落长安市,幸有梅郎识姓名。

画好后，齐白石还将此画精心地装裱起来，并专程送到了梅家。

梅兰芳没想到齐白石为此专门给自己画了画，他收到画后，也马上回赠了一首诗，表达自己的感激之情，诗是这样写的：

师传画艺情谊深，学生怎能忘师恩。
世态炎凉虽如此，吾敬我师是本分。

之后，梅兰芳便正式拜齐白石为师，学画草虫。现在，我们在拍卖会上，偶尔也能看到梅兰芳先生的画作，其画技不逊于专业画家，这就是齐白石的功劳。

1921年端午节，齐白石应夏午诒之邀来到河北保定，游莲花池。齐白石在荷叶田田的荷花旁，有感于池中茂盛的朱藤，对花写照，画了一张长幅，夏午诒见后称赞不已。

这一年腊月二十日，齐白石的侧室胡宝珠生了个男孩，取名良迟，号子长，这是齐白石的第四个儿子。此时胡宝珠才20岁，他的妻子春君不放心，专门从湖南赶到北京来帮忙照顾。

春君将初生的婴儿视同己出，夜间由自己专心护理，不辞辛劳，孩子饿了，她就抱到宝珠身边喂乳，喂饱了又领去同睡。冬天夜长，一晚上要起来好几次，春君冒着寒冷，费心地做着这一切，这令齐白石感动不已。

参加画展名扬海外

1922年3月的一天上午，好友陈师曾急匆匆地来到了齐白石的家，还没落座，他就从口袋里拿出一封信给齐白石，并说："齐先生，过些天，我要和我国画学研究会的会长金城去日本参加画展，您看，这是荒木十亩和度边晨亩的邀请信。"

陈师曾说得很急、很兴奋，竟然忘记了齐白石不懂日文。

陈师曾口中的荒木十亩与度边是日本两位著名的画家，齐白石早就听说过他们，也看过他们的画。但齐白石不懂日文，他笑着把信还给了陈师曾，说："师曾贤弟，我看不懂日文，请你念给我听听，好吗？"

陈师曾这才发现了自己的失误，笑了起来，说："您看，我一高兴，就犯糊涂了。我念给您听听。"说着，他把信从头到尾念了一遍。

齐白石倚着窗户，静静地听着。

念完信，陈师曾信心百倍地说："这是个很好的机会。我在日本学习时，看过他们一些著名画家的作品。您的画拿去展览，一定会成功。"

齐白石点点头，支持地说："参加画展当然好。把中华的艺术传统介绍给世界。这是好事，我一定努力办好这件事。"

陈师曾兴奋地说："那您一定多画些山水、花鸟，什么都行。"

他沉吟了一下，又说："一个月后，我就要东渡日本了，您老可要抓紧时间啊！"

齐白石欣然同意，高兴地答道："好好好！愚兄一定不负贤弟所望。"

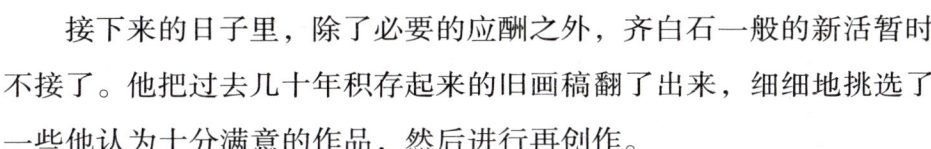

接下来的日子里,除了必要的应酬之外,齐白石一般的新活暂时不接了。他把过去几十年积存起来的旧画稿翻了出来,细细地挑选了一些他认为十分满意的作品,然后进行再创作。

他决心要把第一流的作品,送到世界上去。因为这不仅是他个人的事,还是关系到国家和民族声誉的事。

陈师曾偶尔会抽空来看齐白石的作画情况。齐白石请他仔细品评,提出意见。齐白石尊重陈师曾,对陈师曾的每一点意见,都认真加以考虑。有的作品,一经指出毛病,他马上重新画过,一直到他和师曾都认为满意时为止。齐白石就这样专门为参展精心地进行着创作。

一天,正在他品味自己画得栩栩如生的牵牛花时,画家姚华来看望他。

姚华被齐白石笔下那出神入化的牵牛花深深地吸引住了。但他看见牵牛花画得很大,一朵花几乎有小碗口那样大,就惊奇地问:"齐老先生,您这牵牛花是否画得有些离奇?"

齐白石不理解地问:"怎么离奇?"

姚华指着花和叶说:"老先生您看,哪有这么大的花啊!你看,它盖住了多少叶子?这夸张,是否有点太大了?"

齐白石微微一笑,若有所思地摸了摸胡子说:"这样吧,俗话说'眼见为实',姚贤弟跟我去梅家看看这真实的牵牛花如何?"

两人果真来到了梅兰芳家。

这天天气很好,风和日丽,一进梅家大门,满目都是竞相开放的牵牛花。

姚华一看那一朵朵绽开的碗口大的花朵,立即就惊呆了:"好,好,我服了!咱们这桩'公案',就'私了'了吧!"

姚华不好意思地羞红了脸,他暗暗佩服齐白石观察事物的精细入微,他看了好大一会儿,内心生出一种负疚的心情。他惭愧自己的唐突、主观。自己没有对牵牛花作过精心的长期的观察，做出那样的结论，实在太不应该了。

姚华诚恳地说："齐老先生，我真的很对不起您，居然还说是您画错了。"

齐白石却不以为然地说："那有什么，我们大家不都是为了艺术吗？"

梅家的主人梅兰芳奇怪地看着二人，他弄不清他们谈的是什么意思，也不知道他们为什么突然来到自己家。

齐白石笑着指着姚华热情地为梅兰芳介绍："先生认识吗？这是画家姚华。"

姚华高兴地同梅兰芳握手寒暄。

姚华似乎觉察到了梅兰芳的疑虑，解释说："这都怪我，是我不相信齐先生画的牵牛花，就一起来这里看个究竟，实在是打搅您了。"

梅兰芳恍然大悟，微笑着说："这没什么。白石老师从来不画自己没有看见过的东西，他观察这牵牛花，已经有好几年了。他经常来看，当然对这花的样子了如指掌。"

梅兰芳说得十分肯定而自信，言语间，充溢着对他的师长在艺术上一丝不苟、精益求精精神的敬佩。

姚华告别了梅兰芳，送齐白石回了家，一再向老人表达自己的歉意。

几天后，陈师曾来到齐白石家，将他新作的画一一取走，东渡日本参加画展去了。

4月底，陈师曾从日本回来，他带去的齐白石的画通通都卖掉了，而且卖得很贵，花鸟画每幅卖到100银币，山水画更高，两尺的卖到了250银币。这样的价格在国内齐白石听也没听过，就更别说卖到这样的价钱了。

陈师曾兴奋地说："画展举办得实在太好了。说是中日画展，简直是中国画展了。这次在日本的联合展览,我们的画不仅征服了日本人,而且其他国家的人也争先恐后地去参观。法国人也选了我们俩人的画,他们还准备邀请我们参加巴黎艺术展览会呢!"

齐白石不好意思地说:"这是真的吗?一定是陈先生夸大其词了。"

陈师曾说:"夸大其词?日本人可不是好骗的。他们不仅喜欢中国画,而且也懂得中国画。在日本同行们的眼里,清代以后,中国的画家一味临摹,使国画丧失了生气。您的画,使他们耳目一新,为之倾倒。尤其是您的大写意红花墨叶的作品,山水和花鸟,受到日本同行和其他各界人士的高度赞扬。"

稍停一下,他又神秘地冲齐白石一笑,继续说:"当然,我也不放过这个绝好的机会,利用各种场合介绍您的艺术成就。"

齐白石无限深情地说:"您看,这还是应该感谢贤弟的提拔。"

说着,他深深地给陈师曾鞠一躬,感慨地说:"人生得一知己足矣,这是一点不假的。"

陈师曾激动地扶起齐白石,摆摆手说:"见外了,见外了,这可是祖国的荣誉,愚弟不单是帮你。"说着,他又哈哈一笑说,"对了,还要告诉您一件好事呢,据说,日本人还想把我们俩人的作品和生活状况拍成电影,在东京艺术院放映呢!弄不好,以后这些外国人都要来找您画画,到时候,您忙都忙不过来呢!"

这个奇遇打破了齐白石心理上的平衡。他的画能在日本受到追捧,这是他始料不及的,他想到自己从一个木匠到走上绘画的道路,走过了多少艰难困苦,尤其是当他定居京城在画坛上遭遇的种种孤寂、冷落的景况,使他永生难以忘怀,他觉得自己现在的奇遇真可谓墙里开花墙外香。

为此,当天晚上,他特意写了一首诗作为纪念,诗文如下:

曾点胭脂作杏花,百金尺纸众争夸。

平生羞杀传名姓，海国却知老画家。

齐白石的画在日本展览以后，他的画在日本同行和众多观看者心中引起了强烈的反响，他的名字不仅震动了日本画坛，还传到了欧洲、美洲、大洋洲。

许多不同肤色、操着不同语言的友人千里迢迢，远涉重洋，特意到中国来，指名道姓要买齐白石的画。琉璃厂的画商见齐白石的画能卖好价钱，也开始纷纷上门求画。

自此，齐白石时来运转，他的画一天比一天好卖了，他的名气也一天比一天大。

不过，1923年8月，发生了一件意想不到的事：陈师曾从大连到南京为继母奔丧，途中染痢疾故去，年仅48岁。

齐白石痛失知己，异常悲痛。他挥毫写下了"君无我不进，我无君则退"的诗句悼念亡友。

喜收爱徒李苦禅

1923年，齐白石61岁，从这一年起，他开始记日记，取名《三百石印斋纪事》。

中秋节过后，齐白石从三道栅栏迁居至太平桥高岔拉，这年11月，胡宝珠又生了一个男孩，取名良已，号子泷，小名迟迟，这是齐白石的第五个儿子。

一天，一个操着浓重的山东口音的青年学生，踏进了跨车胡同15号齐白石寓所的门。

一进门，这个青年学生就恳切直率地说："齐先生，我爱您的画，想拜您为师，不知能不能收我？现在我是个穷学生，也没有什么见面礼孝敬您，等将来我做了事再好好孝敬您老人家吧！"

齐白石见这位乡音未改的穷学生求学心切，又率直得可爱，当即便答应了。

齐白石话音未落，这位年轻人就急忙行拜师礼说："学生这里给老师叩头啦！"

只见这个山东大汉挤在狭窄的画案边下跪，差点跌倒。一时间，惹得齐白石又惊又喜。这位青年学生就是后来的中国国画家李苦禅。他1899年出生于一个穷苦的农民家庭。一个偶然的机缘，启迪了他的绘画艺术的灵性，从此，他便像着了迷一样爱上了画画。

21岁时，在乡亲们的资助下，这位原本叫李英杰的青年便长途跋涉来到了京城。他人地生疏，孤单一身，幸得一位僧人的怜爱，在寺观中给了他一席栖身之地。

通过自己的努力，他又考取了不收学费的北大附设的"勤工俭学会"，半天干活，半天学习，到北大中文系旁听。两年后，他以优异的成绩考入了北平国立艺专西画系。

白天，他是高等艺术院校的学生，夜间，他是奔跑于北平坑坑洼洼土路上的洋车夫。数九寒冬，酷暑盛夏，他用自己的汗水向生活挑战，为艺术苦斗。

在最艰难的日子里，他想起了宋朝的范仲淹，学着他的办法，每天熬上一锅粥，凉了，一划为三，每餐只用一份。如果能撒上一点虾糖，那就是美味佳肴了。

他的绘画用具大多是拾取的人家扔掉的铅笔头、炭条尾巴。他硬是这么苦撑着、搏斗着。他在追求着光辉灿烂的绘画艺术。

同学林一卢被他的精神深深地感动了，就赠给了他一个名字："苦禅"。

"苦"，那是不言自明的，"禅"，中国写意图，古代也称文人画、禅宗画，"苦禅"不就是"苦画画的"意思？对，李英杰就是一个"苦画画的"。

李英杰一听，高兴地说："名之固当，名之固当。"于是，李苦禅这名字伴随着他度过了一生。

齐白石默默地听着眼前这位青年诉说自己的身世，他的经历近似老人年轻时学画的遭遇，他对艺术如痴如狂的执着追求，他的坚强、正直、纯真的品格，深深地感动了齐白石。

最后，李苦禅又真诚地告诉齐白石自己拜他为师的主要原因，他说："我佩服齐先生您最大的一点，就是不拘泥于古人，有独创性，在艺术上绝不人云亦云。而且在生活中也不巴结权贵，不吸烟、不打牌，干艺术就要像先生这样有人格、有画格！"

由于李苦禅是北平艺专西画系的学生，只能在业余时间一面在齐白石家学画，一面拉洋车，维持生活。

齐白石知道他的这些处境后，不仅从不收他的学费，而且有时还留他在家吃饭，给他绘画颜料。

在齐白石画案边，李苦禅专心地静观老师运笔作画，生怕出声会影响老师。待老师画完几幅，悬挂壁上，坐下审视的时候，他才提出一些问题。

在齐白石的精心栽培下，李苦禅的国画进步很快。当时的报纸已评论他的国画"头角已日渐峥嵘"。但在校内，大家却还不知道他另学国画，也不知道他的新名"苦禅"。

直到1925年，北平艺专的校长和教师们检阅学生的毕业成绩时，突然发现几幅署名"苦禅"的国画特别好，老师们才奇怪地问："怎么我们学校有位叫'苦和尚'的人吗？"

当校长得知这位"苦和尚"就是学校名册上的李英杰时，又是赞叹，又是同情。

此后不久，李苦禅就作为北平艺专的一名年轻的国画教授登上了中国画坛。无疑，这是齐白石最早独具慧眼，他不仅看出了苦禅的人品，而且看出了他的艺术才华。

齐白石在给李苦禅的画册题词中，曾把苦禅比作宋代大画家李公麟的"化身"和孔门"七十二弟子"中的颜回，可见齐白石是怎样地看重和尊重真正有才华、有造就的学生。

师生的友情是深厚的。山东大汉的率直，湖南老人的刚毅，使他俩同样对黑暗势力疾恶如仇，使他们在艺术的切磋之中，锤炼了自己作为真正的艺术家应有的品格。

齐白石深知当时世道的不公与险恶，所以在李苦禅的一幅《竹荷图》上语重心长地题词：

苦禅仁弟有创造之心手，可喜也！
美人招忌妒，理势自势耳！

然后，齐白石亲自操刀，治了一方"死不休"的印章送给了弟子，寄寓着他的"丹青不知老之将至""语不惊人死不休"的情怀，勉励苦禅，鞭策自己。

而这位得意弟子，也真不辜负老师的奖掖，其艺术主张与实践，与老师心心相印，自然契合。

平日齐白石画荷花的长茎时，画笔往往只停驻在纸上，让苦禅向后拉纸，画出来，竟笔笔皆合老人心意！

有一次，李苦禅根据老师的意图，画了一幅《鱼鹰图》。画面是夕阳余晖闪烁的湖水，落落黑石上，栖满了鱼鹰。这和老人的构思几乎一样。

齐白石看后，见师生的心意如此相通，自然万分欣喜。因此，他欣然命笔：

> 看见赣水石上鸟，却比君家画里多，
> 留写眼前好光景，蓬窗烧烛过狂波。

题诗后，齐白石又写下小注：

> 苦禅仁弟画此，与余不谋而合，因感往事，记二人字。
> 余门人弟子数百人，人也学吾手，英也夺吾心，英也过吾，英也无敌。
> 来日英若不享大名，天地间里无鬼神矣！
>
> 白石山翁

可见，齐白石的"青出于蓝而胜于蓝"的拳拳心意之真、之深！

在这对莫逆的师生中，还有一个有趣的故事：

有一天，齐白石突然问李苦禅："你是真喜爱我的画吗？"

李苦禅很诧异地说："老师问这是什么意思？"

齐白石慢慢地说："那么，你在我这里许多年了，为什么不要我给你画画呢？"

李苦禅这才恍然大悟，忙说："老师，您一只手养活这么一大家子吃饭，您能收我这个穷学生，我就感激不尽了，哪好意思再向老师讨画呢？"

齐白石听了学生的话很感动，当场送给李苦禅一幅《不倒翁》精品。

直到齐白石晚年，他还常赠给学生画。有一次，他画了两幅《荷花》：一是带倒影的荷花；一是花落一瓣，一群蝌蚪顶瓣而游。这两幅画都属齐白石绘画中的绝品，他却要送给自己的学生李苦禅和许麟庐两位弟子。

两人惊喜之余，由于对两幅画都特别喜欢，择此望彼，举棋不定。

齐先生见状一笑，说："看来，还是让我来解决这个难题吧！"

他随手撕了两片宣纸，分别写上这两幅画的画名，让他俩抓阄，结果，李苦禅得了《荷花蝌蚪》，许麟庐得了《荷花倒影》。

齐白石又分别在这两幅画中以同一题词写道：

苦禅（麟庐）得此，缘也。

九十二岁白石画

若问是何缘故，只有苦禅、麟庐二人便知。

白石记

这两幅作品不仅成了李苦禅和许麟庐两人的传家之宝，而且也成了他们二人友谊的见证。

在齐门34年之中，李苦禅不仅从没有仿冒过老师的画，而且珍藏的有限几件齐白石的亲笔画，都是老师亲自送给他的。

齐白石对学生的教诲与鼓励，直到晚年也从未间断过。

一次，齐白石看到李苦禅的一幅《雄鹰图》画得特别好，就借回去专门研究，还在画的旁边题字道：

旁观叫好者，就是白石老人。

还有一次，齐白石画老猴抱桃，猴子长着胡子。李苦禅见了就给老师指出缺点说："猴子是不长胡子的。"

齐白石听后笑了，又重新画了一幅不长胡子的老猴。

齐白石就是这样一个谦虚好学的人，所以就算是他的学生都敢给他提意见，也正是如此，才使得他成为了一代名画家。

说起齐白石收徒，不得不提到他的另一个弟子王森然。说起王森然，他们的相遇还颇有戏剧性。

那是齐白石初到北平时，由于他的画卖得并不太好。有时为了生计，他也不得不画些神佛、罗汉之类的东西摆在地摊上出售，生意倒还不错。

有一天，齐白石在鬼门关附近的街头待了一天，不过并没有卖出去几幅。傍晚，正当他收起画幅准备回家时，有一个学生模样的青年人走了过来。

青年人叫王森然，刚从直隶高等师范国文专修科毕业，爱好书画。他仔细地把齐白石的画幅翻看了一遍，山水、人物、花鸟皆有，都技艺精湛，不禁感到十分惊奇。

他没想到自己眼前这个相貌平平的老者的绘画功力是那么深厚，画的意境又是那么奇妙。

他随手拿起一张罗汉图问道："老先生，这张画多少钱？"

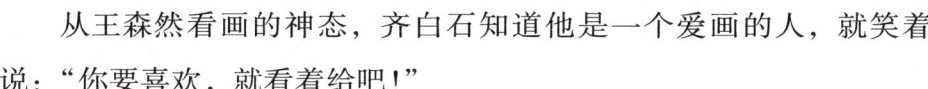

从王森然看画的神态，齐白石知道他是一个爱画的人，就笑着说："你要喜欢，就看着给吧！"

王森然说："您老画一张画也不容易，我怎能随便给呢？还是您说个价吧！"

齐白石不再客气，开口说道："那就6个大子吧！"

王森然以为自己听错了，睁大眼睛看着齐白石，因为在当时的北平，就是名气一般的画家，作品也都是按每平方尺多少大洋来计价的。论艺术水平，这老者绝对可称高超，可是画作的价格却这么便宜。跟齐白石又确认了一下价钱，王森然一下子买了好几幅。

付过钱后，王森然又继续翻看着，忽然发现了一张没有署名的《八哥图》，笔墨和构图都极似八大山人，便问道："老先生，这张也是您画的？"

齐白石点点头说："小先生要是喜欢，这张我就送给你啦！"

王森然越发佩服齐白石的技艺，便与之攀谈起来。齐白石告诉王森然，自己是湖南人，刚来京城不久，没想到在这里生存颇为不易。

王森然说："您画得这样好，为什么不到琉璃厂去挂笔单？那儿有好几家南纸店都收画。"

齐白石苦笑着摇了摇头，说自己不是没尝试过，但势利的画店老板根本看不起他这个木匠出身的画家，把他的绘画费用定得极低，还不给现钱。

王森然知道自己也帮不了齐白石，当下把口袋里的钱全部掏出来给了齐白石，拿起画就走了。

后来，王森然又考取了国立京师大学国文馆的史学研究生，毕业后在《世界日报》《晨报》任编辑，受到蔡元培等人的器重，结识了很多北平的文化名人。

这时的齐白石也在陈师曾的帮助下实现了"衰年变法"，声名远播，求画者络绎不绝。

王森然除了在史学、文学等领域进行深入研究，还渐渐迷上了绘画，并且拜齐白石为师。

齐白石毫无保留地传授王森然画技，并将其引为自己的忘年知己，称他"工画是王摩诘，知音许钟子期"，还为其题画70多幅，其中颇多赞美之辞，比如"人曰森然弟学我，我曰我学王森然"。

王森然也撰文在各大报刊上宣传齐白石的书画艺术。他深为自己当年能认识到齐白石的书画艺术的价值而欣慰，却从没向齐白石提及当年他在地摊上买画的事，怕让老人难堪，伤其自尊。

后来，王森然到外地工作，与齐白石一别就是十几年，再次回到北京已经是新中国成立以后的事情了。

有一次，王森然整理自己的书籍，偶然在书橱里发现了一卷画，正是他30多年前从齐白石摆的地摊上买到的那几张画。

他想让齐白石再题些字，老人知道后欣然同意，还告诉他尽快把画拿过去。

原来，到了晚年，齐白石对自己的早期作品非常珍视，只要听说谁手里有，一定想方设法用自己的画将其换回来。

在和王森然约定看画的头天晚上，齐白石激动得一夜都没睡好觉，第二天一大早就坐在画室里等着。

当他把王森然带过来的画在桌上展开后，顿时激动起来，就像遇到了自己失散多年的孩子，迫不及待地问道："森然弟，这几张画你是从哪里寻到的？"

由于时间久远，齐白石已经忘记当年的具体情形了，但他却一眼就认出那都是自己初到北平时的作品。

不等王森然回答，齐白石又到里屋打开柜子，拿出一卷画来，对王森然说："这都是我存留的精品，任你挑吧，一张换一张。"

王森然当然求之不得，立即开始挑选。

选完之后，他又对齐白石说："我还有一张八大山人的画，请您老过过目,看看是不是真迹。"

说着,王森然慢慢展开了那幅齐白石所作的没有署名的《八哥图》,齐白石看后强忍心头的惊喜,若无其事地说:"从风格上看,冷逸、怪僻,有点儿八大的味道,不过,即使是真迹,也不是精品。"

王森然说:"八大的画今天已是凤毛麟角,即便不是精品,也十分难得,那我可要好好珍藏了。"

说着,他卷起画,就要告辞而去。一看王森然要走,齐白石慌了,赶忙拦住他说:"森然弟,别走,别走,让我再看看。"

说完,齐白石又自己把《八哥图》打开,仔细端详着,越看越感到纳闷:像这种早年风格的画作,连自己手里都没有一件,王森然是从哪里得到的呢?

王森然看出了老人的疑惑,连忙道出事情的原委。齐白石这才恍然大悟,人情冷暖、世道艰难一并涌上心头,不由感慨万分,遂拿笔在画上题道:

此系白石早年作,反复观之,冷逸似雪个,今再无此笔墨矣!

题写完毕,他又对王森然说:"这张画我也要留下,失散多年,它总算又找到家了,我可要好好谢谢你呀!这样吧,今天你点题,老夫当面为你再作一张画,如何?"

王森然见齐白石对《八哥图》如此珍重,也只好割爱,让老人作一幅山水。当时,齐白石有"两不画",一是点题不画,一是山水人物不画,对王森然的要求则是两个都破例了。就这样,二人各得其所,可谓皆大欢喜。

平易近人教授学生

1925年，齐白石的第三个儿子良琨在南纸铺里也挂上了笔单卖画，他的画得到了父亲的亲传，卖画的收入足可自立谋生。

由于齐白石的画越卖越好，湖南的同乡凡是到北京的，都要到齐白石的家中拜访，其中有位同乡对齐白石说："你的画名，已是传遍国外，日本是你发祥之地，离我们中国又近，你何不去游历一趟，顺便卖画刻印，保管名利双收，饱载而归！"

齐白石回答："我定居北京，快过9个年头啦！近年在国内卖画所得，足够我过活，不比初到京时的门可罗雀了。我现在饿了，有米可吃，冷了，有煤可烧，人生贵知足，糊上嘴，就得了，何必要那么多钱，反而自受其累呢！"

同乡听了，笑着对他说："濒生这几句话，大可以学佛了！"于是他又向齐白石谈了许多禅理。

齐白石十分乐意听禅理，并从中感悟出了许多做人的真谛来。

1926年，62岁的齐白石失去了含辛茹苦的双亲，由于战事，齐白石回家乡为双亲送终尽孝的心愿没有实现，为此，他非常伤感。多年来，自己漂泊在外，对父亲既不能侍奉又不能迎养到京，齐白石内心极度懊悔，想乌鸦长成犹能反哺母亲，而自己身为人子，却未能孝养父母，竟然是人不如鸟。

这年冬天，齐白石在西城区跨车胡同15号院买了一所房子，后来这所房子就成了齐白石生活和工作的中心。

19世纪20年代，是中国新美术运动发展的活跃时期，各地纷纷建立美术学校。北京成立了国立艺术专门学校。1927年的一天，杰出的画家、教育家，北京国立艺术专门学校的校长林风眠来到齐白石家，邀请齐白石出任该校的教师。

林风眠诚恳地对齐白石说："齐先生，我们想聘请您担任学校的教授，讲授中国画这一课。希望您支持我们一下。"

齐白石一听，忙摇手说："林校长，我从小是苦人家的一个砍柴放牛的娃子、种田的农民、雕花的木匠，只读了一些《四言杂字》《千家诗》《唐诗三百首》一类的书，让我到大学去教中国画，我是不敢答应的。"

林风眠劝说道："先生谦虚了，虽然我们是第一次见面，但先生的大作，我是亲眼见过，并十分钦佩的。所以这次，我也是经过慎重考虑的，这课只有先生才能担当。"

齐白石诚恳地谢绝："先生说哪里的话，我画的东西不算什么，只是兴致来了，画几幅而已，糊个口罢了。至于教书，我可是从来都不会的，我实在是怕误人子弟呀！"

林风眠说："哪里，哪里，齐先生您太谦虚了！"

齐白石又一次使劲地摇摇头，给林风眠建议说："其实，在这北京城里，名气大的人有很多，先生何必一定要请我呢？"

林风眠回答："这北京城有名的人是不少，但像先生这么继承国画精髓，并大大开拓、创作的人，却是很少见的。"

林风眠句句话都说得有理，但齐白石还是谦逊地谢绝说："对不起先生您了，这件事，我实在难以从命，请先生理解。"

林风眠见齐白石态度坚决，只好遗憾地走了。

过了几天，林风眠再一次来请，并说了许多称赞齐白石的诗和画的话。此时，在齐白石家还有他的其他朋友，友人们听了，都纷纷帮着林风眠劝说，齐白石不好再次推辞了，也就答应了林风眠的请求。

艺术学校离齐家不远，只有1公里，是一所玻璃顶的房子。在齐白石家门的胡同口，每天都总有三四辆洋车并排停在那里招揽生意。

齐白石每次到学校去上课,都是由胡宝珠搀扶着上车下车,一刻钟便到学校了。

刚到学校时,齐白石心中总觉得有些别扭,但令他想不到的是,学校上至校长,下至同事,都十分尊重他。上课时,林风眠看齐白石年纪大了,还专门为他预备了一把藤椅,下课以后,林风眠又亲自送齐白石到校门口。

齐白石非常感谢林风眠对他的信任,特意画了张画送给他,还请林风眠在自己家吃便饭。

学生们也很佩服齐白石,每到他上课时,都是很专心地听他讲,看他画,当齐白石走进教室时,学生们便立即停止嬉闹,规规矩矩坐好,待齐先生进来一齐起立行90度鞠躬礼。

齐白石摘下帽子和围巾,稍坐片刻,有时喝上几口桌上工友泡好的茶,即把他的作品挂起供学生们临摹。

课中,齐白石不断地在学生中来回巡视,对习作加以指点,或在学生的画上亲笔示范。这个时候,教室中往往十分安静,尽管齐白石低语辅导,全班同学都能听得清清楚楚。

有一天,在课堂上,齐白石还为学生们讲了一个有趣的故事:

从前,有一个画牛的名画家,画了一幅《斗牛图》。画的是牛角相触,尾巴高举,怒态十足的样子。画家自以为此画是自己的得意之笔,十分"牛气"。

但有一个农民见了此画后却笑着说:"这也算好画?你去看看斗牛的时候,尾巴是夹在屁股中间的,就算是几个强壮的人,拉它都拉不出来,而你的画却把牛尾巴画得翘得那么高,这还算什么好画呢?"

这位名画家听了农民的话,非常羞惭。从此,他再也不敢画牛了,也再不敢那么"牛气"了。

听完齐白石讲的故事,学生们都笑了。齐白石讲这个故事,就是教育学生对所画的东西,要经过自己亲眼所见,留意观察,不然,是要闹出笑话来的。

临近下课时，同学们将自己的名字写一纸条放在桌上，请先生在为自己习作上亲笔示范的地方书名题款留作赠品，齐白石总是仔细耐心地为他们签名。

有时，齐白石赠送学生的作品也在上课时带来，照名字题款。款多题以"某某弟属"或者"女弟"等字样。

一次，齐白石班上的一位叫杨邵程的山东籍同学，请齐教授以"黑砖"为名为他题款。这名同学生性活泼，爱说笑玩闹，但齐白石仍十分认真地题上"黑砖弟属，白石"的字样。

在学校任教期间，齐白石还结交了一个教学生画西洋画的法国籍的教师，名叫克利多。他经常和齐白石一起讨论中国画，他对齐白石说："自从我到了东方以后，接触过的画家，不计其数，无论中国、日本、印度、南洋，能画得使我满意的，你齐先生是第一个。"

齐白石说："我哪里有你说得那样好，你这样恭维我，我真是受宠若惊了。"

克利多当即说："我不会恭维，我讲的都是实话。"

听了他的话，齐白石很兴奋，倒不是因为克利多说了恭维他的话，而是一位外国人能这样理解他和理解中国的艺术使他感动。他所取得的荣誉不仅是他个人的，也是属于养育他的祖国的。

这时的北京政府腐败、黑暗，官僚们整天吃喝玩乐，根本不顾百姓疾苦，比起前清的官僚，他们的所作所为可以说是有过之而无不及。齐白石对此异常气愤，他对自己的朋友说："一个国家有这样的腐败习气，岂能有持久不败的道理？"

此后，他还专门画了两幅鸡，针对北京官僚们的腐败习气题诗道：

天下鸡声君听否？长鸣过午快黄昏。

佳禽最好三缄口，啼醒诸君日又西。

果然不久，北伐军大获全胜，北洋军阀整个垮台，那些懒虫似的旧官僚，也就跟着树倒猢狲散了。国民革命军进驻北京，由于国都定在南京，便把北京改称为北平。齐白石任教的艺术专门学校改称为北平艺术学院，齐白石也改称为教授。

这年9月1日，胡宝珠生了个女孩，取名良欢，乳名小乖。

转眼到了1930年，齐白石度过了67岁生日。他迁居北京已经10年了。这10年是他茹苦含辛和艰难奋进，进行"衰年变法"的10年，也是他绘画艺术大放异彩的10年。

在社会这个大舞台上，他备尝了世态炎凉的滋味。东京画展的成功，使他声名大噪，许多人对他的态度骤然间由冷落变成热情异常。对于这些，他的脑子是清醒的。

这年夏季的一天，艳阳高照，天气炎热，人们挥汗如雨。齐白石来到照相馆，不顾盛夏酷暑，反而穿皮马褂，手里拿着白折扇，照了一张相。他在白折扇上题词曰：

挥扇可以消暑，着裘可以御寒；
二者均须日日防，任世人笑我癫狂。

这张照片陈列于海王村照相馆，人们看见后，都议论纷纷，说："哪有既穿皮袄，又摇折扇的道理呢？"

这消息很快传遍了北京城，许多有识之士从齐白石的"癫狂"里，看到了他对当时社会世态炎凉的讥讽与抨击，也看到了他知人与自知的大智慧："热"时，要防人趋炎附势；"凉"时，要防人落井下石。他把亲身经历和体验的酸、辣、苦、涩，绝妙地凝聚在这一帧穿着皮袄摇着折扇的小照上。

正气凛然的民族气节

1931年9月18日，是中国人民永远难忘的日子，也是令齐白石痛心疾首的日子。这一天，震惊中外的九一八事变爆发了。短短3个月的时间，日本人就强行占领了东北全境。

从此，东北近百万平方公里的肥沃土地沦为日本的殖民地，3000万同胞惨遭日本侵略者的蹂躏。

值此民族危难关头，齐白石陷入了深深的悲愤之中。

这时，一个朋友跑来劝他："齐先生啊，现在风声很紧，您不回湘潭去避避啊？东北亡了，北平是首当其冲呀！"

齐白石摇摇头，说："国家到了这个地步，个人还有什么安危可言？"

朋友又说："如今北平虽有几万重兵，但有东北沦陷的教训，人们对于当局，已失去信心。许多人家都准备南迁，我看您还是离开这里吧！"

齐白石坚定地摇摇头说："我不走！作为炎黄子孙，有何颜面在大敌当前之时，为命逃亡呢？"

国难关头，齐白石焦急万分，此时的他虽然已经年达古稀，但他对祖国的前景仍然忧虑不已。

一天，画家胡佩衡送来自己画的山水画，请齐白石题诗。看到画卷上的祖国山川，想到被日寇践踏的国土，齐白石伤心欲绝，挥泪成书：

对君斯册感当年，撞破金瓯国可怜；

灯下再三挥泪看，中华无此整山川。

噪市的喧闹，勾起齐白石对家乡山清水秀的思念，他多想回到大自然去洗涤身心啊！这时，亲戚张沧海恰好为齐白石提供了这样一处赏花观鱼的地方。

这个地方名叫张园，在左安门内新西里3号，原是明朝大将军袁崇焕的故居，园内有听雨楼古迹。此园虽处都市，却有山林意趣，园内几个池塘，绿水涟漪，鱼儿在水中自由自在地漫游，园中的小溪边种的蔬菜瓜果，豆棚瓜架，俨然一幅江南水乡景色。

张沧海让齐白石住在后院3间西屋，而且还腾出几丈空地，供齐白石种花种菜。这里的一切，为齐白石提供了天然的绘画素材，到了夏天，他就到那里去避暑。齐白石在这里画了10多幅草虾图，其中一幅《多虾图》，他认为是自己平生的得意之作。

又过了一年，齐白石70岁了，这一年，他最喜欢的一个学生又去世了，他心里有一种说不出来的难过。

他感叹自己已经不再年轻，这些年教书和卖画也使他生活无忧了，他想了很久，决定好好休息，从此后不再画画了，所以最后画了一张《息肩图》以作纪念。

他还在这幅画上题了一首诗说：

眼看朋侪归去拳，哪曾把去一文钱。
先生自笑年七十，挑尽铜山应息肩。

可是，虽然齐白石这样写了，却并没有实施。因为，他对画画和雕刻太钟爱了，已经爱到了不忍放手的地步。

1935年，齐白石感到身体大不如前，思乡之念油然而生，4月1日便携胡宝珠回到湘潭老家。

老屋前自己种下的果木花卉依然茂盛。妻子春君由于长期的操劳显得更加苍老和瘦弱。

住了3天,齐白石不忍再看春君离别流泪的样子,于是便和胡宝珠悄悄返京,未曾想这竟是他与春君的永别。

回来不久,四川的友人邀请齐白石去天府之国游览。这正合齐白石的心愿,他与胡宝珠结婚20多年,却从未陪她回过娘家,况且天府之国的奇山美景一直吸引着齐白石。于是,他带宝珠和两个孩子回到了宝珠的家乡,祭扫了宝珠母亲的墓。

在四川,齐白石受到了美术界的热烈欢迎,并结识了中国近现代画坛上享有盛誉的黄宾虹等著名画家,游览了青城山、峨眉山、长江三峡等名胜古迹,这些盛情美景令齐白石陶醉不已。

在成都住了一段时间后,齐白石又专程到四川西南的山地去玩了几天。这里的风景十分优美,到处都是绿色的树林。从山上往远处看,可以看见两条大河,河里的小船很多,正是画家诗人作画写诗的地方。可惜齐白石这次游山,没有作画的心情。但他在自己的日记里借用一首《过巫峡》的诗抒发了自己的感情:

怒涛相击作春雷,江雾连天扫不开。
欲乞赤乌收拾尽,老夫原为看山来。

回到成都,已是中秋佳节。他们过了中秋就离开四川,9月初回到北京。这时候,北京的学校已经开学了,他又忙着教书、画画。虽然齐白石在1932年画的那张《息肩图》是让他自己"息肩",可是他还是像从前那样,为了艺术不愿意立刻停笔,而是又开始了勤勤恳恳地耕耘。

从四川回到北平后,齐白石渐感身体不适,便不再出远门,1937年,七七卢沟桥事变后,北平沦陷,齐白石深感痛苦和耻辱,他辞去了大学的教授职务，开始闭门谢客。

当时，许多敌伪军官和日本人深知齐白石的名气与影响，所以，不断地请齐白石参加各种庆典活动。齐白石对汉奸卖国的行为非常憎恨，于是在门口贴了一张"白石老人心病复作，停止见客"的字条。尽管这样，他依然不断地被日本特务骚扰。

一次，一个自称渡边的日本人前来求见齐白石。

渡边是关东军特务机关头子土肥原贤二的得力助手，神通广大，这个人深谙中国的语言和文化，在穿着上也身着蓝色长衫，头戴礼帽，戴一副高度近视眼镜，看上去像个斯斯文文的中国文人。

渡边来到齐家，不等齐白石发话，他便推推眼镜自报家门说："齐老先生，鄙人渡边，久闻大师能画能诗的美名，今日特地登门，与您切磋对联，您看如何？"

齐白石淡然一笑："请便吧！"

渡边扫了主人一眼，先来了一副古联投石试水："鸭子巷前杨柳瘦。"

齐白石不假思索地对道："鹅湖山下高粱肥。"

渡边又用了《千家诗》中的"接天莲叶无穷碧"，齐白石对"映日荷花别样红"。

渡边得意地一笑，齐白石知道自己上当了，无意中吹捧了"日头"，揪心悔痛。正想后发制人，没想到渡边马上又出了一联曰："日本东出，光照大华一统。"

齐白石不由脑中一震，这分明是敌人出的一副绝对，"日本"必对国名，何况"本"字又是双意，寻遍世上所有的国名，也无一个合适以对。幸好齐白石学识渊博，绕个弯子，对曰："月自西来，亮耀小岛千秋。"

渡边一听，觉得不是滋味，但又不能发火，摇摇头说："先生对联工整，颇有文采，可惜'月自'非国名也。"

齐白石笑道："渡边先生差矣，中国古代曾有万国九州之誉，'月自'国乃中国的一个小小国也，即在辽东境内，如今为一县下小镇'月自镇'便是。"

渡边自讨没趣，只得告辞，悻悻而去。

土肥原贤二见渡边吃了苦头，便安慰他说："等几天你再去齐府，挽回面子就是。"老谋深算的土肥原告诉他，下次要齐白石给他画一幅"不倒翁"的画像，意思是大日本永远是世界上的不倒翁。

渡边出门之后，齐白石寻思了好一阵子：他渡边贼心不死，必然重来，我要作极坏的打算。果然不出所料，几天后的一个中午，渡边再次来到了齐家。

渡边一进门就讲了土肥原的要求。齐白石略沉思片刻，铺纸磨墨，眨眼间，一个活脱脱的不倒翁出现在渡边眼前。

渡边连连夸赞："妙，妙，妙极了。还请老先生再题一首诗在上面。"

齐白石故意为难地问："要我写什么内容呢？"

渡边说："当然是写与'不倒翁'有关的诗句。"

齐白石说："所谓不倒翁，主要是靠半团泥沙做成的。我的诗就是这个意思。"

渡边心想，所谓大东亚共荣，说白了就是霸占中国的国土嘛，忙说："就是这个内容好。"

齐白石笔锋一转，题诗曰："姿势端正俨如官，不倒原是泥半团。一旦将尔切开腹，通身何处有心肝。"

渡边一看，前两句倒是不错，可是后两句含沙射影，字字如刀，尤其是"切腹"二字。一时没有主意，只好带了回去。

土肥原气急败坏地找到大汉奸郝鹏举，认贼作父的郝鹏举告诉土肥原，齐白石一生忌画螃蟹。

原来，齐白石老家在湖南湘潭农村，因幼年家穷，经常下河打鱼摸虾维持生活。一次在河中翻螃蟹时，齐白石被一个大螃蟹夹伤右手食指，食指感染中毒，差点丧命。后来，他赌咒不画螃蟹。

土肥原听了大喜，就拿这一手给齐白石出难题，非要他画螃蟹不可。

渡边"领旨"，第三次登门，要齐白石作画，并指定画蟹。不料，齐白石欣然同意，一个横行的大螃蟹跃然纸上，旁边还题了四句诗：

张牙舞爪弄英姿，钻岩入沙水中蛰。
渔人愤起倚天网，看你横行到几时？

齐白石将日寇侵略者比作是螃蟹，却又没有指名道姓地说出来，渡边只好再次灰溜溜地回去了。

土肥原还是不肯罢休，他又派人把齐白石接到自己家里做客，强迫这位中国画家宣传日寇所谓的"中日共荣"，宣传日本人的强盗理论。

齐白石坚决拒绝，宁死也不答应，竟然被恼羞成怒的土肥原扣留了3天，后来还是经人从中作保，才把他放回家。他到家后愤然写下了"子子孙孙不得做日本官"的誓言，表示自己抗拒到底的决心。

土肥原一计不成，又施一计，他多次派人去劝诱齐白石赴日本，加入日本国籍，并说保证他的荣华富贵，但齐白石每次都毅然拒绝："齐璜是中国人，不会去日本。你们若强要齐璜去，除非把齐璜的头拿去。"诱劝者见齐白石态度坚决，只得灰溜溜地走了。

1940年2月初，齐白石接到长子良元的信，才知妻子春君已于农历正月十四日因病在湘潭老家逝世。

齐白石颤抖着手捧着家信老泪纵横。妻子春君13岁进齐家门到当年79岁去世，60多年来任劳任怨，上侍公婆下抚子女，为齐白石的身体和事业操碎了心。

齐白石泪眼婆娑地想，若没有春君的默默奉献，哪会有自己的今日？他悲痛欲绝，心摧欲碎，颤颤巍巍地作了一首挽联悼念妻子：

怪赤绳老人，系人夫妻，何必使人离别；
问黑面阎王，主我生死，胡不管我团圆。

春君去世后，亲朋好友都劝齐白石将勤俭柔顺的侧室胡宝珠扶正。1941年5月4日，齐白石邀请亲友20多人，举行了宝珠扶正仪式。

齐白石事业上的辉煌，完全得力于陈春君和胡宝珠这两位贤妻的奉献，是她们用无私的爱，为齐白石创造了宁静和温馨的绘画空间；是她们无私的爱解除了齐白石的后顾之忧；更是她们无私的爱使齐白石长期保持健康的身心，并精力充沛地投入创作，为后人留下了一幅幅珍贵的艺术巨作。

诚实守信的卖画态度

从北平沦陷，到 1943 年，正直爱国的齐白石一直停止售画。他宁可挨饿受冻，也不取媚日本侵略者和汉奸。

然而，此时却有一些无耻小人，利用齐白石停售大牟其利。他们伪造齐白石独具特点的"红花墨叶"画法，假冒齐白石之名，在市面上大肆兜售赝品，齐白石对此又气愤又无奈，他特意找人刻了一枚铜印，上面有"齐白石"3 个字，并在报上刊登声明说："以后凡是我齐白石的真迹，都会印上这个铜印章。"

可是没几天之后，这方印也被人仿造了，扣在了假画上。许多人不敢再买齐白石的画，有些人买到他的画之后，还想方设法找到齐白石家里，让他鉴定或者再次题跋，这让 70 多岁的白石老人不胜其烦。

有一次，梅兰芳前来探望他，告诉他，在一个朋友的家里，看到了一幅他的《春耕图》。齐白石的这幅画是他 50 岁时画的，他自己家里收藏了一张，从那以后，他就再没有画过了。

他移步到画案前，取出行箧，打开盖子，慢慢地翻着，从底下取出了这幅画稿，慢慢地展现在桌上，问梅兰芳："你看看，这是我的《春耕图》，像你见到的吗？"

梅兰芳仔细看了一下，说："不像，不像，那耕牛的头朝右，可不是朝左，这后腿露在外面，怎么，你最近真的没画，会不会是别人的冒牌货？"

齐白石生气地叹了一口气，在躺椅上坐下来说："唉，这世道，什么无奇不有的事都有啊！听说市场上伪造我画的人越来越多了，不知你朋友的这一幅是不是也是伪造的，你能借来看看吗？"

梅兰芳似乎感到问题有些严重，连忙回答说："可以，可以。"

齐白石在一旁提醒他说："不过，先不要让你那个朋友知道，只说你要看看，借出来让我辨认一下即可！"

梅兰芳会意地点头同意。

第二天，梅兰芳送来了那幅《春耕图》，齐白石一看，果然是一幅伪作，他气愤地从躺椅上跳了起来，走到了画案前，指着画说："你看这树干的线条是一气呵成的吗？还有这图章。"

齐白石取出《三百石印斋》递给梅兰芳："你翻翻，印章像不像？"

梅兰芳也十分气愤。他虽然听说过历史上曾有过伪作传世，但伪造当今仍在世的画家的作品，他还是第一次见到。

梅兰芳关切地说："老师，您可以采取些措施！"

齐白石按捺不住自己激愤的心情说："我有什么办法呢？真是防不胜防啊！实在是无耻之徒！"

说完，他又问梅兰芳："你那位朋友同你要好吗？"

梅兰芳回答说："是我生死之交的朋友，一个教书的先生，他对先生的画很崇拜，花重金买了这幅《春耕图》，可惜被人骗了。"

齐白石关切地问："那么，总不能使好人受到无端的损失吧！你说，我是将这画买下，还是另给他画一幅呢？"

梅兰芳眼睛一亮，高兴地说："能画一幅，当然最好。"

"那好，还是我来送他一幅《春耕图》吧！"齐白石边说边理纸研墨，在梅兰芳的帮助下，凝思片刻，悬肘提笔画了起来。

20多分钟后，一幅《春耕图》画好了，齐白石盖了自己的印章，交给梅兰芳，说："我今天就不裱了。请你同你的朋友说清原委，请他谅解吧。"

说完，他幽默地说："假画我就收下了，看来我的画只有从我屋子里拿出去才不会是假的了。"

一天早上，李苦禅来找齐白石，老师正在洗脸。苦禅的到来，使老人十分高兴，但他又觉得有些突然，因为齐白石知道，没有特殊情况，这位学生一般是很少这么早就来看望自己的。

李苦禅看出了老师的怀疑，就一脸沉重地说："昨天我在店里，看到一幅《蔬香图》，很有笔墨，不过题款的字不大像你写的，老师是否去看看？"

齐白石一听，关切地问："那笔墨怎么样？"

李苦禅老实地说："笔墨不凡，确有老师的风骨。尤其是那棵白菜，实在像极了。我拿不定主意，标价又高，想来问问您。"

早饭后，齐白石带上钱款，在李苦禅的陪同下，乘车来到了古玩店，从新油漆的门面和横额看，这是一个新开张的专营古玩字画的商店。因为位于十字路口，前来观看、购买的人倒也不少。

老板姓张，30多岁，白净的脸，浅灰色的长衫。他笑吟吟地随着李苦禅来到齐白石的面前。

张老板大概看出来客不是一般的人物，所以招待得十分周到。他送上上等的杭州龙井茶，看了齐白石一眼说："这《蔬香图》可是齐白石的真迹，是他在一次盛大宴饮后，很得意的一幅杰作。"

齐白石淡淡一笑说："那好，那幅画呢？"

张老板忙开了柜，取出了一幅已经裱好了的画卷，展现在齐白石面前，得意地说："您老看，这才是名家的得意之作呢！"

齐白石同李苦禅来到近前，仔细地看着这《蔬香图》，心里不免暗暗称奇，这伪作者的笔力不凡，技艺和笔墨十分到家，可见这人仿效和临摹他的画，不是一日之功了。

齐白石很佩服这伪作能达到这样乱真的地步。但是，在他的眼里，真假一看就分明，这幅画到底"形"太似而"神"不到。

看了好大一阵，齐白石回到座位上，看着张老板，慢慢地问："张先生，这画标价多少？"

张老板的右手拇指和食指伸开，说："那您给这个。"

齐白石说："8000元？能不能少一点。"

张老板回答："这已经是最低了，不是您老，我还不出这个价。"

齐白石微微一笑，坚定地说："你这画只值3000元！"

"为什么？"张老板不满地转过身，反问了一句。

"因为是假的。"齐白石严峻的脸上现出神圣不可侵犯的神情。

李苦禅这才在一边着急地说："这位就是齐白石先生。"

张老板一听，惊呆了，口里说不出什么，两眼直直地看着齐白石。

齐白石点点头，笑了起来，说："我就是齐白石。这是我的学生李苦禅。如今画市上假造我的画不少。昨天苦禅告诉我，你这里有一幅我的《蔬香图》，今天我来了。请先生原谅。"

齐白石接着说："这样吧，你这画多少钱买来的？"

"2500元。"

"我给你3500元，买了这张假画如何？"齐白石站起来，看了张老板一眼，若有所思地说："留得真迹在人间，这是我的责任。要对祖国、对民族负责。希望张先生能协助我。今后见到这类画，你尽管找我好了。我通通收购。至于你的店，我可以为你再作一些画，补偿你，如何？"

张老板被齐白石的真情深深地感动了，他第一次见到齐白石，没想到画家的胸襟是这样的宽广，他再三表达对齐白石的谢意。

又有一次，齐白石在北京街道上发现有个摆摊子的人卖他的假画，于是便走上去指责对方，不该造假骗钱。

不料那卖假画的人却振振有词地说："凡是大画家，没有不遭人造假的，造的假越多，说明本人的名气就越大。若是一般三流画家，才没人会浪费时间去造假呢！"

那人又说："而且，这些假画比较便宜，是专门卖给喜爱艺术品而又穷的人，有钱人还是会去买你的真画，对你不会有什么损失，请你别生气。"

听他这话，齐白石一时间不知说什么好了，于是，他从地摊上拿起一幅画来细看了一番，发现这些赝品居然画得很有章法，他便对那人说："你的画有点意思，是你自己画的？"

卖画人不好意思地点点头。

齐白石说："你的画很有潜质，你愿意做我的徒弟吗？"

卖画人一愣，不相信自己的耳朵，齐白石见状，把原话又重复了一遍。这人听清楚后，连忙双膝跪倒，五体投地，连连说道："谢谢您的大恩大德。过去只知您的画美，今日方知您的心灵更美。"

齐白石将卖画人扶起，仿佛自己的龙钟老身又生出了一只新的臂膀，顿时感到增添不少力量。

随着齐白石在画坛上的名气越来越响，就连许多普通百姓也知道了这位教授画家。而且创作之余，齐白石还乐于厨事，经常去买菜。

一天早晨，齐白石又提着菜篮子去买菜。市场上，他看到一个乡下小伙子的白菜又大又鲜，就问："你这白菜多少钱一棵啊？"

小伙子正要答话，仔细一看，认出了齐白石，就笑了笑说："您老买菜啊，不卖！"

齐白石听后有些不高兴，说："那你来干吗呀？"

小伙子说："您要吃菜，就得用画换。"

齐白石先是一愣，随后便明白过来，知道对方认出自己了，就说："用画换？可以呀，只是不知怎么个换法？"

小伙子回答："您画一棵白菜，我就把一车白菜给您。"

齐白石不由笑出了声："小伙子，你可吃大亏了！"

小伙子高兴地说："不亏，不亏，您画我就换。"

"行！"齐白石也来了兴致，"快拿笔墨来！"

小伙子十分高兴地跑着买来宣纸和笔墨，又借来一张桌子，请齐白石作画。齐白石提笔挥腕，当众作起画来。不一会儿，一幅淡雅清素的水墨白菜图便画成了,看者齐声称赞。

齐白石放下画笔,对卖菜人说:"小伙子,画归你,菜可归我了。"

小伙子慷慨地说:"行,行,这一车都是您的!"

齐白石望望满车的白菜说:"小伙子,这么多菜让我怎么拿呀?"

小伙子想了想说:"哎,这样吧,您在这画上再添一只蚱蜢,我连车都给您!"

齐白石也不答话,拿起笔又在白菜上画了一只大蚱蜢。

小伙子望着画连声说好,边收画边说:"老先生稍候,我这就给您把菜送家去。"

小伙子收起了桌子,拉起车就走。齐白石连忙拦住他,从车上拿了一棵白菜放在篮子里,对他说:"小伙子,白菜还是一棵换一棵,剩下的你还是留着自己卖吧!"

小伙子一听就急了:"这不行,咱们讲好了的,菜和车都是您的。"

齐白石说:"我怎能吃得了这么多的菜啊?"

小伙子说:"您慢慢吃。"

齐白石坚决不肯,说:"不行……"

两人正在争执,忽然,小伙子放下车,从车上抱起几棵白菜便向别人的菜篮子放,边放边喊:"帮忙,帮忙,齐老先生今天请大家吃新鲜的大白菜了!"

不一会儿,一车白菜就剩下了不多几棵,小伙子笑着对齐白石说:"现在该不多了吧?我给您送去吧!"

齐白石望着小伙子忠厚善良的面容,无可奈何地笑了笑,带他向家里走去。此后,每隔几日,小伙子总要给齐白石送一些新鲜的蔬菜,齐白石也赠他一些画。渐渐地,两人竟成为忘年之交。

挥笔作画斥权贵

1943年12月12日,陪伴齐白石生活20多年的爱妻胡宝珠病逝,年仅42岁。

这是齐白石万万没有想到的。他原想风烛残年,仗她护持,身后之事,由她照料,如今她却撒手而归,先他而去,齐白石不由得悲痛万分。自此之后,齐白石闭门不出,有很长一段时间,他都是独自在思念中度过的。

1944年,齐白石82岁。面对横行霸道的日本侵略者,他满怀积怨,无可发泄,往往用诗与画寄托。这一年,他画了不少抒发亡国之恨的画,并题了诗。

作为一个爱国的和富有正义感的艺术家,齐白石的作品向来是爱憎分明的,在这个时期,他曾多次画老鼠,如《灯鼠图》中,画一只老鼠鼓起两只豆粒般的眼睛,伸出前爪,正企图偷食灯油,他还在画中题诗道:

昨夜床前点灯早,待我解表未睡倒。
寒门只打一钱油,那能供得鼠子饱。
何时气得猫儿来,油尽灯枯天不晓。

齐白石虽闭门不出,但他知道敌人已经日暮途穷,在这一时期,他画了很多讽刺敌人的画,很多朋友都担心敌人借此事找他的麻烦,劝他明哲保身,但他却很固执地说:"残年遭乱,死何足惜,拼着一条老命,还有什么可怕的呢?"

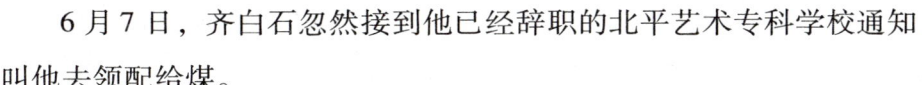

6月7日，齐白石忽然接到他已经辞职的北平艺术专科学校通知，叫他去领配给煤。

北平沦陷后，这所学校的大权都操持在日本人手里，所聘的日本教员也很有权势，人们多侧目而视。齐白石辞去艺校的职务已有7年，为什么还发给他这份配给煤呢？齐白石深知这是日伪在收买人心，便当即去信拒绝：

顷接艺术专科学校通知条，言配给门头沟煤事。白石非贵校之教职员，贵校之通知误矣。先生可查明作罢为是。

在此时的北平，物资奇缺，煤很不容易买到，齐白石的朋友听说此事后，问他："现在的煤那么紧俏，送到手里你为什么都不要呢？"

齐白石回答说："他们的用心，只有他们自己知道，我齐白石怎么会是一个没有骨头和爱贪便宜的人呢？"

9月，朋友们介绍了夏文珠女士照顾白石老人的生活起居。

1945年8月，抗战胜利后，齐白石又在琉璃厂挂起招牌，恢复了卖画刻印的生活。

1946年10月，香山红叶吸引着游客观赏，这是北平最美的季节。中华全国美术会为齐白石在南京举行了个人画展。齐白石来到南京，他的作品得到人们的赞誉，带去的200多幅画全部卖出。

之后，齐白石又到上海办画展。同在南京时一样，上海画展的盛况是空前的，齐白石做梦也没有想到，南方人民对于他那洋溢着生命力的画是那样的喜爱，以至于画被抢购一空，他还时时不得不泼墨为他们临时作画。这样一天下来虽然很累，但精神很好。

国民党达官显贵附庸风雅，时时前来请他吃饭，他能推就推，有时实在推不掉的，只好违心地前去应酬一下。

这期间，国民党上海淞沪警备司令宣铁吾生辰，举行了盛大的宴会，大肆铺张。宣铁吾虽然是一介武夫，但他也多少知道齐白石的声望和地位，为了显示自己的风雅，他特别托人请齐白石前去赴宴。

齐白石起初没有理会，不置可否。宣铁吾见齐白石没有回应，又再三派人前来。齐白石考虑再三，答应赴宴，但心里是十分不愿意的。

在宴席上，宣铁吾亲自走到白石老人的身边，死皮赖脸地要齐白石当场为他作画，齐白石先听而不闻，不予理睬，宣铁吾又死皮赖脸地要求："先生，可要赏我脸哟！"

这时，老人捋捋他长长的银髯，沉思片刻，轻蔑地微微一笑，点了点头说："司令既然如此热衷风雅，那我就当众献丑了！"

宣铁吾一看齐白石同意了，乐得合不上嘴，忙说："大师赏脸，我三生有幸！"

接着，他吩咐佣人道："快，快，笔墨侍候！"

这时宣铁吾喜形于色，因为回到上海后，宣铁吾多少听到抗战八年，齐白石铮铮铁骨，公然以巧妙方式与日本侵略军斗争，终不为之所屈的事。这样置生死于度外、绝不与权势屈服的老头，竟然会欣然答应命笔，宣铁吾觉得自己的身价不知抬高了多少倍。

佣人们赶快铺纸磨墨，只见白石走到中间一张画架前，宣纸是上等的，早已展好了，他凝思了一下，几笔粗、细的泼洒、勾勒，一只斗大的大螃蟹，带着淋淋的水气，爬在纸上，跃然欲动。

当天来赴宴的，都是上海军界、政界的显要人物，以及新闻、文化界的名流。他们在前几天的画展里，看过齐白石的画，但是，却没有机会亲眼看他作画。今天的机会确是千载难逢，大家都放下手中的碗、筷，走过来，一睹一代丹青大师作画的风采。

螃蟹图是齐白石的一绝，只见他画出的螃蟹似乎在爬动，人群里发出阵阵"啧啧"的称赞声，他们小声地议论着：

"呀，真是神手，妙笔！"

"简直是画活了!"

正当大家赞叹不绝的时候,齐白石又换了一支小号的毛笔,看了一下宣铁吾踌躇满志的神气,暗暗发笑。提笔在右上方题写了"横行到几时"5个苍劲有力的字。

接着,又写了"铁吾将军"4个字样,而后签字、用印。

围观的宾客一看"横行到几时"几个字,顿时面面相觑,大惊失色,立即为齐白石暗暗捏了一把汗。

他们有的吓得脸色灰白,偷偷离去,有的看了宣铁吾一眼,暗暗发笑,有的朝齐白石投以敬仰的目光。

那位想露一手的主人宣铁吾好像也悟出了其中的内涵,一瞬间,脸红得像猴屁股一样,无地自容。

白石对于这一切似乎毫无觉察、毫不理会,放下笔,向大家一拂手,朗朗地说:"老朽失陪了,就此告辞。"拂袖而去。

在上海这次画展上,齐白石还见到了神交已久的画家朱屺瞻。

朱屺瞻是驰名中外的艺术家,此人8岁起临摹古画,中年时期两次东渡日本学习油画,主攻中国画,擅山水、花卉,尤精兰、竹、石。他继承传统,融会中西,致力创新,所作笔墨雄劲,气势磅礴,具有鲜明的民族特色和个人风格。

多年前,朱屺瞻前去拜访自己的一位朋友。在朋友的画室里,他见到一幅马图的右下角有一方朱红的名章,刚健粗犷,气满力雄。好画名印,深深地吸引着年轻的朱屺瞻。

朋友告诉他,这些画和印章都是出自湖南画家齐白石之手。朋友还告诉朱屺瞻,齐白石是集诗、书、画、印为一体的艺术大师,虽然初到北京城时并不得志,但其人真正的成就却是在绘画大师吴昌硕先生之上。

为此,朱屺瞻早就仰慕齐白石的才华,很想见上一面。在上海开办画展的第五天,齐白石终于和朱屺瞻聚到了一起。这天,上海美专教授兼教务主任汪亚尘代表上海画界邀请齐白石参加专为他祝贺画展成功举办的宴会。

朱屺瞻先齐白石到达宴会现场，随后梅兰芳也来了。朱屺瞻的心情很不平静，他不时透过明亮的窗子，凝视着门口。忽然，一位老者神采飞扬地拄着拐杖来了，他知道这就是齐白石，马上迎了出去，双手紧紧地拉着齐白石的手，久久凝视着。

一旁的梅兰芳立即迎了上来，为齐白石介绍说："齐老师，这位就是朱屺瞻先生。"

齐白石感叹地说："贤弟啊，想不到今天我们在这里见面了。"

朱屺瞻兴奋地搀扶着老人往里走："是啊，我盼了10多年，就望着这一天啦！"

他把齐白石请到上座，热情地问："您老人家近来身体可好啊！"

齐白石笑眯眯地回答："嗯，好啊好啊！"

听二人高兴地聊着，梅兰芳风雅地说："你们一老一少，一北一南，十载神交，今日见面，必将传为画坛佳话。我可以为你们编成戏，到时候给你们唱上一段啊！"

齐白石和朱屺瞻哈哈大笑了起来。

宴席是丰盛的。他们畅怀痛饮，从八年抗战，绘画艺术，京剧流派，到梅兰芳拜师，海阔天空，无所不谈，尽欢而散。

抗战胜利后，人民渴望和平，渴望过上安宁幸福的日子。但国民党政府置人民的利益于不顾，又发动了内战。

战争的阴云再次笼罩全国各地。国民党政府为进行内战，对百姓进行搜刮，各种苛捐杂税多如牛毛，物价飞涨，民不聊生。

齐白石从南京回来，带回了一捆一捆的"法币"，数目十分可观，可是拿到市场上去买东西时，竟连一袋面粉都买不到。齐白石非常气愤，他只好在门口再次挂出"暂停卖画"的字条。

坚定不移的爱国情怀

齐白石正在家里闲居的时候，中国美术界另一位重磅级人物又出现在他的家中。原来，早在齐白石去南京办画展的途中，他曾机缘巧合地遇上了交结多年的莫逆挚友徐悲鸿。

徐悲鸿是中国画坛上一位中西合璧的创新派大师，他被公认为是中国现代美术的奠基人，也是美术史上一位承前启后和继往开来的人物，在中国美术界影响极大。

徐悲鸿在当时拥有很高的政治地位，这在美术界是无人可比的。此时，徐悲鸿刚从欧洲回国，他看到齐白石在绘画艺术上的追求与突破，对齐白石极其赞赏。

徐悲鸿回国后，已应聘为北平艺专的校长，他对齐白石深厚的写意状物功力青睐有加，顾及教授传统中国画时的特殊性，因此决定请齐白石再次出任北平艺专的名誉教授。徐悲鸿这次来到西单跨车胡同齐白石的寓所就是为了此事。

双方问候过后，徐悲鸿道明来意："先生是闻名遐迩的画坛大师，我来是想请您到艺术学院任教。"

齐白石婉言辞谢："承蒙徐院长看重，只是老朽年逾花甲，耳欠聪，目欠明，恕难应命，但你的心意我领了。"

徐悲鸿说："在高等院校的教授中，古稀之年的人还不少呢，齐先生老马识途，点拨指导，谁能及得上？正是大有用武之时。"

齐白石还是不答应："教授责任重大，还是另请高明的为好，以免误人子弟。"

两天以后，徐悲鸿再次登门拜访，又是盛情邀请，齐白石又以年老为由推辞。求贤若渴的徐悲鸿不愿就此放弃，他在百忙中又第三次来到齐家，而且这次是顶风冒雨而来。

齐白石深深地被徐悲鸿的举动所感动了，他坦率地告诉徐悲鸿："徐先生，我不是不愿意，我很愿意和你共事，帮你办学。我对你的人品和画品都很看重，但是我已经年老了，不想多走动了，遇上学生纠缠，我这样大岁数了，真不想再费那样多口舌。"

徐悲鸿对齐白石说："齐先生的顾虑不无道理，齐先生上课时，不必作长篇的理论，只要作画示范稍加提示要领即可。开学之初，我陪着您上课，为您护驾。以防真有个别学生不守纪律。"

齐白石不好意思再次拒绝，终于点了点头说："那就试一试吧！"

第二天清晨，徐悲鸿亲自坐了马车来迎接齐白石。那天，齐白石穿了一件宽大的缎子长袍，拄着手杖，和徐悲鸿一同登上马车。马车穿过宽阔的大街，停在北平艺术学院的门前。在学生们的簇拥下，齐白石和徐悲鸿来到教室里。

画案上已经摆放好笔墨纸砚，但齐白石却拿出他自己带来的几支画笔。他慎重地、沉思地举起画笔，运笔非常缓慢，仿佛每一笔都在精雕细琢，笔墨异常精练。学生们的眼睛都跟随着他的画笔在移动。

齐白石巧妙地运用笔锋的变化和墨色的枯湿浓淡，达到了徐悲鸿所说的"致广大、尽精微"的艺术效果。

画完以后，在徐悲鸿的引导下，齐白石正式向学生们开始了授课。

"不要死学死仿，我有我法，贵在自然……"

齐白石的这些教诲说明在学习别人长处，特别是在学习前辈艺术家时，决不能食而不化，而是要创造性地加以运用，不断发展，只有博综而约取，才会赋予艺术新鲜的生命。

齐白石环顾学生说："花未开色浓，花谢色淡，画梅花不可画圈，画圈者匠气……"

一堂生动的课在"当当"的下课铃中结束。学生们很满意，徐悲鸿和白石先生也很满意。

然后，徐悲鸿又坐了马车送齐白石回家。

在齐家门口，齐白石用激动得有点发抖的声音对徐悲鸿说："徐先生，你真好，没有骗我，我以后又可以在大学里教书了。我应当拜谢你。"话音未落，他便双膝下屈。

徐悲鸿慌忙扶住了齐白石，泪水涌到了徐悲鸿的眼眶里。从此，这两位在当时享有盛名的艺术巨匠便成了莫逆之交，他们的友谊始终不渝。

1948年底，平津战役快要打响了，国民党官员纷纷逃离北平，南京政府教育部急电北平各大专院校南迁，城里出现一片惊慌和混乱。

许多朋友劝齐白石南下，齐白石都婉言谢绝了，他说："北房南屋少安居，何处清平著老夫？"

战火一天天逼近，京城谣传共产党首批要杀的黑名单就有齐白石，为此，齐白石忧心忡忡，不知如何是好。正当他举棋不定的时候，徐悲鸿夫妇再次来到了他的家中。

徐悲鸿用温和的语调劝齐白石说："老先生，你就别担心害怕了，那些纯属谣言，你不要听信他们。"

齐白石半信半疑地问："悲鸿先生，你真的不走吗？"

徐悲鸿坚定地说："当然不走，我们全家都不走，北平艺专也不搬迁，许多先生都在学校等待解放。"

齐白石听了，脸上逐渐露出欣慰的笑容。他知道，自己的朋友是一个诚实的人，是不会欺骗他的。

徐悲鸿又说："不过，这几天，北平城里乱得很，兵痞和特务横行，你老人家还是注意一些好。"

齐白石感激地点点头，他指着桌上的一摞信说："南京和上海都来了信，劝我南迁。我想了很久，还是这里好。跟着国民党，哪有安定的日子。几十年了，从辛亥革命以来，哪一天没有战争！"

徐悲鸿也向齐白石会意地点点头，小声地说："告诉你，北平和平解放的可能性极大。我得到可靠消息，共产党不愿战火破坏这文化古都。他们正在谈判呢！"

齐白石一边点头一边说："嗯，这真是太好了。"

接着，徐悲鸿又告诉他，北平艺专的学生都组织起来了，决心保护学校。如果齐白石觉得在家住着不安全，可以到学校去，如果有紧急情况，他们也一定会来接齐白石的。

徐悲鸿还说："解放了，一切就好了。你的画会得到更多人的喜爱。这一天也不会远了。"

由于这时的齐白石已近九旬高龄，听力很差，徐悲鸿只好附在他耳边，一字一句、大声且不厌其烦地把话都说清楚。

齐白石听了徐悲鸿的这一番劝说，终于打消了心中的重重疑虑。

齐白石热心地挽留徐悲鸿夫妇，一同品尝了湖南风味的午餐。当徐悲鸿夫妇俩起身告辞的时候，齐白石又恢复了以往的神情，他安详地拄着手杖，依依不舍地一直将徐悲鸿夫妇送到了大门口。

此时，齐白石的心情平静极了，他所盼望的好日子就要到来了。

跨进新的时代

不要死学死仿,我有我法,贵在自然。作画妙在似与不似之间,太似为媚俗,不似为欺世。

——齐白石

新社会带来的创作灵感

1949年1月31日,历尽了苦难与耻辱的古都北平,终于获得了新生,回到了人民的怀抱。北平和平解放了。

这天,全市举行了北平和平解放的盛大游行,欢乐的工人、农民、学生和其他市民,拥上街头,高举标语,高呼口号,载歌载舞,欢庆人民革命的伟大胜利。

街市上如潮澎湃的口号声、锣鼓声,一阵阵地传到了齐白石老人这宁静的院落里、画室里。齐白石按捺不住那颗激动的心,他拄着拐杖,在家人的陪同下,缓步来到了胡同口。

几十万人排着整齐的队伍,笑逐颜开,兴高采烈,走过了一队,又来了一队。还有高跷、小车会和秧歌队。鼓乐声,震耳的鞭炮声和雄壮的口号声,震天动地。马路旁人山人海,热闹非常。此时的北平正处于从未有过的欢乐之中。

刚过完87岁生日的齐白石抑制不住内心的激动,像所有的北平市民一样,涌向街头,欢庆这喜庆的日子。

在将近一个世纪的生命历程中,齐白石经历了清末的黑暗统治,见过辛亥革命和北伐战争以及几年前抗战胜利后人民欢庆胜利的场面,但是,都不如今天的景象。他真正看到了劳苦大众庆祝自己翻身之日时那种发自内心的欢乐。

新中国唤醒了齐白石艺术上的又一个春天，从此，他的艺术生活，又进入一个新的阶段。几天后，齐白石的学生李可染领着3个身着军装，青春英发，佩着臂章的人来到了齐家。

齐白石觉得很奇怪，他们来干什么呢？经李可染介绍，这三人都是北京军事管制委员会的文化接管委员，他们分别是著名的诗人艾青、画家江丰和沙可夫同志。他们是作为共产党解放军的第一批代表，来看望这位蜚声中外的国画大师，并向他表示深深的敬意和慰问的。

艾青早年曾学过绘画，对齐白石的作品非常喜爱。他对齐白石说："我在18岁的时候，看了老先生的4张册页，印象很深，多年都没有机会见到你，今天特意来拜访。"

齐白石问："你在哪儿看到我的画？"

艾青说："1928年，已经21年了，在杭州西湖艺术院。"

齐白石又问："谁是艺术院院长？"

艾青说："林风眠。"

齐白石想起那个请自己教书的校长，又仔细地看了一下艾青他们的军服戎装，高兴地说："噢，是他呀！他喜欢我的画。"

知道来访者都是艺术界的人，齐白石觉得亲近多了，他急忙叫研墨和展纸，自己拄着拐杖，移步到画案前，挽起了袖子，凝思了一下，精心地为他们画了3张水墨画。

齐白石送给艾青同志的画，画的是4只虾，半透明的，上面有两条小鱼。画完后，在上面题款：

艾青先生雅正，八十九岁白石

而后,他又分别在画上盖上了"白石翁""吾所能者乐事"的印章。

此后,艾青与齐白石成了朋友,收藏了不少老人的画。

一次,艾青在上海朵云轩买了一张两尺的水墨画,是齐白石画的一片小松林。艾青将此画拿到和平书店给朋友许麟庐看,许麟庐以为艾青买到了假画。

艾青觉得自己已经能够辨认齐白石的真假画了,他便邀朋友一起去找齐白石鉴定此画的真假。艾青对齐白石说:"这画是我从上海买的,他说是假的,我说是真的,你看看……"

齐白石将画挂了起来,仔细地看了之后说:"这个画人家是画不出来的。你看,这里署名'齐白石',印章'白石翁',是我的画,没错。"齐白石又夸奖艾青已经能够分清楚自己画的真伪了,艾青很高兴。

几天后,艾青又买了一张八尺的大画,画的是没有叶子的松树,结了松果,上面题了一首诗:

松针已尽虫犹瘦,松子余年绿似苔。
安得老天怜此树,雨风雷电一起来。

下面还有8个字:"安得之安字本欲字",印章为"白石翁"。艾青再次得意地将这幅画给齐白石看,要他鉴定真假。这次,齐白石看后竟说:"这是张假画。"艾青却笑着说:"这是昨天晚上我一夜把它赶出来的。"齐白石知道骗不了艾青,就说:"我拿两张画换你这张画。"艾青说:"你就拿20张画给我,我也不换。"齐白石知道这是艾青对自己的画的赞赏,他非常高兴。这张画是齐白石70岁时的作品,他拿了放大镜很仔细地看了说:"你看,这是我10多年前画的,我那时画画是多么用心啊!"

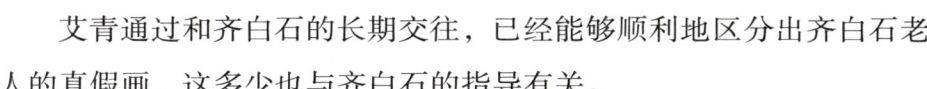

艾青通过和齐白石的长期交往，已经能够顺利地区分出齐白石老人的真假画，这多少也与齐白石的指导有关。

北平解放后，齐白石任教的北平艺术专科学校正式改名为中央美术学院，他仍担任学院的荣誉教授职务，每月到学校一次，画一张画给学生看，作示范表演。

此时，有人提出，新中国刚刚成立，百废待兴，正是需要节约资金的时候，因为齐白石有卖画的收入，而且他上课时间又少，所以要求将齐白石的工资取消。

这件事被艾青知道了，他当时是接管中央美术学院的军代表，他表示坚决反对，并说："这样的老画家，每月来一次画一张画，就是很大的贡献。日本人来，他没有饿死；国民党来，也没有饿死；共产党来，怎么能把他饿死呢？"

徐悲鸿这时仍是中央美术学院的院长，他听说此事后，自然也不同意这个提议。

在和艾青的交往期间，齐白石又收到毛泽东的一封亲笔信，字里行间充满着敬老尊贤的谦和之情，信中还诚邀齐白石以无党派民主人士的身份参加新政治协商会议，共商国家大事。

齐白石与毛泽东是同乡，他比毛泽东年长29岁。虽然他1864年出生于离韶山冲仅50公里的白石铺杏子坞，但直到1949年毛泽东亲笔致函，邀请这位大画家以无党派人士身份参加新政治协商会议时，才和毛泽东第一次见面。

之后，毛泽东非常关心齐白石的生活，曾派人送来3棵人参给他补养身体，毛泽东送的人参比市上出售的人参更大更珍贵。

齐白石收下后舍不得服用，一直装在玻璃匣中，在天气好的时候，就把它拿出来放在院子里晒晒太阳。

生活在新的社会，齐白石觉得自己无比幸福。

做客中南海的心灵震撼

1949年10月1日,天安门广场举行了盛大的开国大典,中华人民共和国成立了,中国人民从此站起来了。

北平从这一天开始改称为北京。

1950年初春的一天上午,毛泽东派他的秘书田家英驱车来到跨车胡同15号,看望齐白石。田家英转达了毛泽东主席对老人的问候,详细地询问了齐白石的健康、生活和绘画创作的情况。并且相约第二天下午,接他到中南海毛泽东的家里做客。

齐白石兴奋得一夜没有休息。第二天,他不时地看着时针,好不容易等到了下午,门外果然响起了汽车的喇叭声。他知道毛泽东派人接他来了。他整了整衣服,在看护夏文珠的陪同下,拄着拐杖,高兴地上了车。

汽车出了胡同口,缓慢地驶过西单路口,向东而去,拐了一个弯,进了新华门,随后沿着碧波荡漾的湖岸,平稳地驶着,不一会儿,在一幢古式的庭院前停了下来。这就是著名的中南海丰泽园,是毛泽东工作和居住的地方。

齐白石下了车,在朱德的陪同下,见到了正等候在书斋兼会客室的毛

泽东。

毛泽东亲自扶齐白石入座，并用浓浓的湖南湘潭话说："我们是老乡。在家乡没见过，想不到在这里见面了。"

齐白石紧紧地握住毛泽东的手，激动得一句话也说不出来。

毛泽东亲切地请老人品茶，吃糕点、糖果，同齐白石交谈了起来。

毛泽东说："早就该请您老人家来了，一直拖到今天，润芝真是失礼呀！"

一口浓浓的亲切的乡音，再加上一个国家主席以晚辈的身份向自己道歉，让齐白石感动不已，他激动地说："新中国刚刚成立，主席你多忙啊，在日理万机的时候还来陪我这个糟老头子，我怎么好意思呢？"

毛泽东说："齐老您这话差矣，您为革命党同盟会传递文件，是革命的功臣，你在抗战期间，宁肯自己饿肚子也不献媚敌伪，那是一种令国人仰慕的气节啊！我毛泽东应该代表中国共产党和全国人民向你致敬啊！"

齐白石说："主席您言重了，我哪里能担当得起，我一个穷木匠出身的手艺人，靠卖画刻印挣点名声，我所做的事，是一个中国人应该做的。倒是主席您，实在是我们家乡人的骄傲啊！"

毛泽东说："新中国能够成立，不是我一个人的功劳，而是中国共产党英明，是民心所向。我这点名气，在世界各国人民的眼中，远远不及您老人家呢！"

就这样，俩人你一言我一语，谈得十分投机，在这暖意融融的气氛中，毛泽东和齐白石一边品茶，一边畅叙家乡情谊，纵论天下大事，漫谈新旧中国的对比与变化。

由于他们同是湘潭人，口音一致，聊起来彼此听得格外亲切。不知不觉间，夕阳西下，晚霞溢彩，光阴已悄悄流过了几个小时，俩人谈兴仍然很浓，只是到了该吃晚饭的时候了。

于是，毛泽东恳请老人留下来用餐。

毛泽东特意准备了以豆豉为主料的湖南风味菜。齐白石细细品味，觉得十分合口，连连称好，说："好久没有吃过这样的家乡饭了，今天真是幸运。"

在双方相互敬酒时，毛泽东风趣地说："你原名纯芝，我原名润芝，小名都为阿芝，你我可称得是同乡兄弟。你年长，我该尊你声老哥哟！"说完，毛泽东与齐白石都呵呵笑了起来。

齐白石向毛泽东敬酒，称赞他是一位"有道仁君"，是个"大能人"，他为家乡出了这样一个大能人而自豪。

毛泽东幽默地说："咱们是各有长短。搞民主政治是我的专长，可我却没有绘画的天赋，只能当个看画人，你我都是用自己的知识专长为人民服务嘛！"毛泽东对人民艺术家的尊重溢于言表。

此时此刻，齐白石已经不再把毛泽东当作一位身居高位的国家领导人，而是当作对自己关怀体贴备至的一位同乡好友、知音、知己了。

席间，毛泽东又告诉老人，政务院拟聘请齐白石担任文史馆馆员。

齐白石平时很少饮酒，当听到这一消息时，他高兴地喝了好几口葡萄酒，以回敬毛泽东对自己的深厚关爱。

齐白石与毛泽东，两个人从青年时代起就都走出家乡，远离湘潭热土，奔波于大江南北，一个是在探索人民艺术的真谛，一个是在谋求中华民族自由解放的道路，尽管各自经历不同，但对中国半殖民地半封建社会近百年来受到列强欺辱的历史，有着大致相仿的感受。

齐白石与毛泽东同是大山的儿子，同是从人民中来，又同要还血肉之躯给人民，回到人民中去，用自己的学识技能为人民服务，他们在这一点上有着深刻的共识。

酒酣之际，齐白石说到自己艺术上的"衰年变法"，说到人贵有革新精神。

毛泽东也说自己在变，从童年时代读四书五经到后来搞了个中国式的新民主主义革命，接着又搞社会主义革命和建设。

毛泽东指出，人在变，世道也在变，宇宙万物都是在变的，革新与革命，在变革这一点上同出一理。人生在世，就要不断接受新事物，吸收新东西，在新的时代为新的社会服务。

毛泽东转过话题，说："你我都是农民出身的知识分子，对农民是深有感情的。农民占中国人口的大多数，办好中国的事情，解决农民问题是基本的。但是，农民离不开工人的领导哟。你做过木匠，也称得是农村的手艺工作，对学习工人老大哥的说法，我想你会赞同的。"

齐白石听了毛泽东的议论连连点头，说："理当如此。"

毛泽东与齐白石互相现身说法，谈了彼此的体会，非常投机。

这时，朱德总司令也来陪坐，并举出自己的例子，谈到从旧社会过来的知识分子，一生中都在寻找中国的出路，同时也在寻找自己的出路。大家都在不断学习，不断前进。

齐白石听了，觉得十分惬意，没有一点儿说教的味道。他说："我终于看到太平盛世了。使民善耕种，处世要和平，这是我一个老农，一个木匠，一个老百姓的愿望。"

毛泽东说："这也是我们大家的共同愿望。"

齐白石祝毛泽东主席和朱德总司令安康，毛泽东和朱德也祝齐白石长寿。

齐白石表示："在我的余年里，要为这个太平盛世多多出力，多画些美好的东西。"

毛泽东说："中国画艺术历史悠久，是中华民族的宝贵遗产，要好好挖掘整理，继承发展，传给子孙后代。我们共产党要比历代皇帝和国民党更加重视中国画。"

毛泽东问道:"听说国内外不少收藏家在收藏你的字画,我也是白石艺术的爱好者,是否也可以收藏你的作品呢?"

齐白石回答:"当然可以。知我者恩人也,恭敬不如从命。"

毛泽东接过话头:"看来,充当半个收藏家,我还是蛮可以的!"说完,大家都笑了起来。

日头已沉落西山,天色渐晚,齐白石告退,在夏文珠的搀扶下走出中南海。

毛泽东送到门口,朱德一直送他们上了小汽车。

齐白石在依依不舍中离去,眼眶里有些潮湿,他深深地被毛泽东那政治家的气度所折服。

回到家里,齐白石仍然抑制不住喜悦和兴奋的心情,像个得了奖赏的孩童似的,手舞足蹈,欢喜地将他与毛泽东相处的每一个细节都对家人说了一番。

齐白石激动地说:"毛主席和我口音一样,每个字都听得入耳,十分亲切;毛主席给我夹煮得很熟很烂的菜……"

后来,齐白石每每对人说起此事,总是深有感触地说:"我一辈子见过的有地位有名望的人不计其数,哪有像毛泽东主席那样诚挚待人、和蔼可亲的?何况他是人民的领袖、国家的元首呢!"

为了感谢毛泽东的知遇之恩,1950年国庆节前夕,齐白石从自己珍藏多年的国画精品中,选出最好的一幅立轴作品《鹰》和一副对联,连同自己用了半个世纪的圆石砚,一并赠送给毛泽东。

其中《鹰》作于1941年,对联是"海为龙世界,云是鹤家乡",作于1937年7月。

这两件作品均是齐白石10多年前的上乘之作。

这次,齐白石还特意加上"毛泽东主席/庚寅十月齐璜"及"九翁齐白石藏"的题款。

那方湖南产的普通花岗岩石砚，石质坚硬，发墨快而滋润，已经伴随着老人度过了40多个春秋。而今，他也慷慨地将这心爱之物送给了毛泽东。

没几天，著名收藏家张伯驹和王樾等人来访，齐白石很高兴地谈起了两幅作品给毛泽东的事。

当齐白石说到"海为龙世界，云是鹤家乡"篆书对联时，张伯驹不由自主地"啊"了一声，原来此联写错了一个字。

出自清朝安徽完白山人邓石如之手的后一联原句为"天是鹤家乡"，而齐白石却写成了"云"。

齐白石经张伯驹提醒，马上紧张起来。毛泽东是博览群书、通晓古今的大学问家，我竟然送他一副错字对联，不但对毛主席不恭敬，传出去岂不贻笑大方！

张伯驹安慰老人说："齐先生你这个'云'字改得比邓石如的'天'字好。他上联若是'地'，那么下联'天'字不可动；可上联却是'海'字，恰与你的'云'字相对，我们不必拘于成格，改动古人成句自古有之，毛主席也许会称赞你改得好呢！"

经张伯驹这么一说，齐白石的心情总算平静下来。

其实，毛泽东收下齐白石的书画，挂在墙上欣赏了一段时间后，除留下齐老真空石雕花砚留念外，其他都送到有关部门珍藏，对于"天"改"云"，并没有感到什么不妥。

之后，各书法家写此联时，皆以"云是鹤家乡"为准，原来的"天"字反倒被人忘了。

再说毛泽东收到这些珍贵的礼物，甚为感动，立即派田家英到齐白石家，以丰厚的酬金和老人最爱吃的湖南特产"菌油"作为回报。

后来，齐白石又精心选出了两方名贵的寿山石章料，操起刻刀，精心镌刻了"毛泽东"朱、白两方印章，用宣纸包好，托好友艾青转送给毛泽东。

酷爱书法艺术的毛泽东收到齐白石赠送的两枚印章，深为喜爱。反复观摩，突然发现包印章的宣纸竟是一幅画。于是出现了一场鲜为人知的"中南海争画"珍闻。

为了答谢齐白石，毛泽东又在中南海设宴，这次请郭沫若作陪。一位是国家领袖，一位是文坛巨匠，一位是画坛宗师，三人同席寒暄实属佳话。席间，毛泽东向齐白石敬酒，感谢他赠送印章和画。

印章是齐白石专门送去的，他心里十分清楚。但是，对于赠画之事，他却听得有点糊涂，感觉诧异得很。

齐白石一怔，说："我什么时候为主席作过画？"

毛泽东说："喝了酒，您就晓得了。干！"

齐白石与毛泽东碰了杯，喝了酒，但还是不晓得。

毛泽东笑吟吟地对秘书说："把画拿来，请画家亲自验证。"

这是一幅全绫装裱的纵幅国画。上面画着一棵郁郁葱葱的李子树，树上落着一群毛茸茸的小鸟，树下伫立着一头憨厚的老牛。老牛正侧着脑袋望着小鸟出神，颇有意境。

齐白石见画后好不惊诧，这幅画是他练笔的"废品"。他有个习惯，为别人包画时，常常扯过一些没用过的宣纸包装，可能一时没留神，给毛泽东包印章的时候，把它用上了。令齐白石更不安的是，毛泽东居然还把这"废品"装裱得如此精美。

齐白石实在坐不住了，说："主席，都怪我疏忽大意，这画说什么也不能给您。您若喜欢这种笔墨，我回去马上重新给您画。"

"我喜欢的就是这一幅嘛！"毛泽东转向郭沫若，"诗人同志，您对这件精品有何评价？"

郭沫若仔细欣赏着画面。

毛泽东接着说："此画笔墨颇具气势。你看，从牛头至牛背到牛尾，一笔勾出，足见画家功力过人啊！"

听到这番赞扬，齐白石再也坐不住了。他说："主席，千万不要再夸奖了，请让我把它带回去，不出3天，我重画一幅给您。"

毛泽东不答应："不必，不必。"

齐白石急了，他一甩长须站起身说："主席再不应允，我可要抢了！"

郭沫若走过来用身体挡住了画说："齐老这件墨宝是送给郭沫若的，要想带走，应该问我！"

"送给你的？"齐白石更觉不解。

郭沫若得意地说："这不，画上标着我的名字嘛！"

画上根本没有一个字！齐白石望望画，看看郭沫若，无论如何猜不透他的意思。

郭沫若笑笑说："您这树上画了几只鸟？"

齐白石向画上扫了一眼："5只。"

"树上画了5只鸟，这不是我的名字吗？"郭沫若说"上""五"两个字的时候，加重了语气。

齐白石一捋长须大笑起来："郭沫若原名开贞，字尚武，'上五'，您真是诗人的头脑哇！"

郭沫若扯起画，卷了两转儿："物归原主，我带走了。"

"且慢！"毛泽东一挥大手，"没看见画上标有本人的名字嘛？快快与我松手。"

"你的名字？"这次又轮到郭沫若发愣了，审视了许久，依然没有发现画上何处有字。

"考古专家也考不出吗？"毛泽东怡然自得地说，"请问，齐老画的什么树？"

"李子树。"

"画得茂盛吗？"

"茂盛。"

"李树画得很茂盛这不是敝人之名讳吗？"毛泽东在说"李"

"得""盛"3字时也加重了语气。

郭沫若双手一拍："妙哉妙哉！画上果然署有主席的大名！"

齐白石却被闷进了葫芦罐儿。

郭沫若对齐白石解释说："1947年3月，解放军撤离延安时，主席面对将要撤离的延安说'离开者，得胜也。'后来果然得胜。所以主席对李得胜这一姓名十分喜爱。"

齐白石明白了，也乐了："如此说来，拙画还有点意思。那么，劳驾两位在卷首上赏赐几个字，如何？"

齐白石把画平铺到旁边桌上。郭沫若递过毛笔，要毛泽东先写。

毛泽东接过笔就写起了他那龙飞凤舞的怀素体：

丹青意造本无法。

郭沫若一看，就明白这是借用苏东坡的句子"我书意造本无法"，稍动两个字，借以称赞齐白石。郭沫若略一思忖，接着写道：

画圣胸中常有诗。

这一句原本是陆游的句子"此老胸中常有诗"，他也改动了两个字，使它与上句成为一联，且对仗工整，一丝不苟！

齐白石喜出望外："两位这样夸奖白石，我可要把它带走啦！"

毛泽东看看郭沫若说："两位政治家斗不过一位艺术家呀！"

3人都笑了。

此画在毛泽东与齐白石之间架起了一座友谊的桥梁。

自此以后，毛泽东与党中央一直特别照顾齐白石生活起居至其终年。毛泽东对齐白石的关怀与照顾，让他终生难忘。

慷慨解囊支持和平事业

1950年，新中国成立不久，美国悍然发动了侵朝战争，并且不顾中国人民的严正警告，把战火烧到了鸭绿江边，他们还派遣空军侵入我国东北领空，轰炸我国城乡，严重威胁我国人民的生命安全。

为了保家卫国，中国政府作出了抗美援朝的战略决策。饱受战乱之苦的中国人民，立即响应党中央号召，掀起了轰轰烈烈的"抗美援朝，保家卫国"运动，人们增产节约，捐献飞机大炮，以实际行动支援前线。

齐白石以耄耋之年也加入了这场轰轰烈烈的运动。这一年冬天，他精选了10多幅作品参加北京市"抗美援朝书画义卖展览会"，支援中国人民志愿军，声讨美帝国主义侵略朝鲜的罪行。

第二年，他又精心绘制了10余幅作品，参加了沈阳市举办的"抗美援朝书画义卖展览会"。

他将这些画展获得的钱，都一一捐献给祖国，为世界和平做着自己的努力。除此之外，为了迎接亚洲及太平洋区域和平大会在北京召开，齐白石将所有的时间都用在了学习绘画善良温雅、象征世界和平的鸽子上面。

尽管几十年丹青耕耘的锤炼，使他的笔墨技巧已经达到了炉火纯青的地步。但是，好学的齐白石并不因此而满足，他也从来不画他不熟悉的东西。

齐白石过去还未画过鸽子，为了画好它，他让孩子们买了很多鸽子，养在家里。

每天,他都要来到院子里,仔细观看鸽子在天空中飞翔的每一个动作,看鸽子在地上每一个优美的姿态,以及鸽子的行走、哺雏、觅食、起飞、落地等的动作和神态。他还亲自数清了鸽子的尾羽是12根。

在仔细的观察中,齐白石新的创作构思渐渐清晰起来。不久,《人民画报》约他画一张和平鸽,他交出的画稿栩栩如生,异常传神。他还在画上题字:

愿世人都如此鸟。

1952年,亚洲及太平洋区域和平大会在北京召开前夕,为了表达自己对世界和平事业的期盼,齐白石不顾自己近90岁的高龄,整整用了3天的时间伏案作画,精心地画了一幅丈二匹的大型图画《百花与和平鸽》,为和平大会献上了一份厚礼。

画面上,在百花盛开的春光里,一群仪态万千的鸽子,安详地在百花丛中休憩、觅食,显示出一片和平、宁静的景象。

这幅画直白地传出了齐白石老人的心境,它把一个中国老人经历了将近一个世纪的动乱颠沛生活之后,对解放了的新生活的歌颂,对人类和平的呼唤,淋漓尽致地表达了出来。

《百花与和平鸽》送到大会上,立即受到了中外人士的热烈欢迎。来自不同国度和各种肤色的人们,操着不同的言语,异口同声盛赞齐白石的卓越艺术天才和他对和平事业的善良愿望。

齐白石用和平鸽表达了他对和平事业的热切希望。事实上,在大千世界,有这种愿望的,又何止他一人。

一天,胡佩衡先生给他送来了一张法国绘画大师毕加索的飞鸽画的复制品。

齐白石自己画的是黑色飞鸽。他对比自己笔下的鸽子与毕加索的

作品，意味深长地说："他画鸽子飞时画出了翅膀的振动，我画的鸽子飞时翅膀不振动，但是，我要让人们在不振动里看出振动来。"

这句话也道出了中国传统的绘画技艺与西洋画的区别。

在这一年里，中央文化馆成立了，齐白石被聘为馆员。同时，他又被选为中国文学艺术界联合会主席团成员。他的画册由北京荣宝斋用木板水印法复制出版。

这是新中国成立后，我国第一次出版齐白石的绘画专集。

专集印出来的画与原画十分相似，齐白石看到后非常满意。从此，他便常去荣宝斋，与那里的工作人员谈话，认真倾听他们对画的见解，以便在今后的创作中画得更好。

这一时期，齐白石虽然人已经衰老了，但艺术的创作力却进入了一个新的旺盛的时期。就像热爱生命一样，齐白石仍然热爱一切美丽的东西，热爱火热的生活。

他笔耕不辍，勤奋地作画，一天三四幅，乃至七八幅，创作出大量的色彩斑斓的作品。

这年端午节的时候，著名作家老舍给齐白石送去了一些粽子。

老人非常高兴，笑着说："我也送你几个粽子吧！"

说着，就挥笔在展开的纸上精心画了几个粽子，并画上了枇杷和樱桃，画面十分简洁、别致。

老舍非常赞赏，因为还没有什么人把粽子画入画中，他意味深长地说："千百年来，人们喜欢吃粽子，但我却从没有见人画过它呀，白石老人观察事物真是无比细致啊！"

11月，苏联木偶戏剧院的艺术指导、人民演员、斯大林奖金获得者奥布拉兹卓夫，以苏联艺术工作团代表的身份来到了我国，参加中苏友好月活动。

到京的第三天，奥布拉兹卓夫专程到跨车胡同探望齐白石。

齐白石亲切地接待了这位远方来客。他通过翻译，表达了自己对苏联人民和苏联艺术工作者的深厚感情。

奥布拉兹卓夫很激动,他俯下身子,紧紧地握着齐白石的手说:"能见到中国当代的一位绘画大师,是我的荣幸。中国人民有你这样一位杰出的儿子,是值得骄傲的。"

他祝齐白石健康长寿。

翻译把他的话一一翻译给齐白石听,齐白石微笑着,不时地点着头,不断地伸出手,与这位苏联客人握手致谢。

为了表达对远方而来的客人的谢意,齐白石来到画桌前,当面为奥布拉兹卓夫画了一幅《三蟹图》,送给了这位友谊的使者。

奥布拉兹卓夫十分高兴地接过画,亲切地走到齐白石的面前,感激地说:

您不愧是位创造了自己风格的革新者。在画中,你充分表现了对自然的理解。您的作品的整个的风格和技巧,虽然说是您个人的,但在性质上则显示了深刻的民族性。

晚年的齐白石虽然精力已明显不及以前,但新的社会新的气象,激发他的万丈豪情,不仅使他在艺术上取得了新的突破,而且也使他在促进世界和平和增进睦邻友好上发挥了积极的作用。

耄耋之年的创作激情

1953年1月7日，上午，中华全国美术家协会、中央美术学院在北京文化俱乐部里举行了盛大的庆祝会，庆祝齐白石的90周岁的生日。

隆冬的季节，人们裹在严寒之中。刺骨的寒风，像刀一样地刮着人们的皮肤。然而，文化俱乐部里却温暖如春。今天，这里宾客云集、高朋满座。人们三三两两，或是低声细语，或是仰首大笑。

出席庆祝会的有文化部副部长周扬、中央美术学院院长徐悲鸿，还有作家茅盾、诗人艾青、剧作家田汉及美术界人士200余人。

此时，齐白石老人还没有到。来宾们在大厅里仔细地观看着挂在四壁上的齐白石的绘画、书法和排印。

这都是从他几十年间创作的万余幅作品中精选出来的。其中有明丽奇秀的山水长卷，姹紫嫣红、形态各异的花卉卷轴，跳跃着的飞禽走兽，还有那神态逼真和寓意深沉的人物肖像，以及独树一帜和开创一代新风的书法和篆刻珍品。

9时整，齐白石来到了会场。他穿着一件藏青色的长衫，微笑着，不断地向大家招手致意。

到会的同志们立即围了上来，向他致以亲切的敬意。许多人轮流地俯下身子，贴在他的耳朵边，问候他，祝愿他健康长寿，送给他一束束鲜花。

齐白石兴高采烈，容光焕发。对于今天的盛大庆典，他很早就知道了，当他听说了这个消息后，他的心情异常激动。

在将近一个世纪的岁月里，他有过多少个生日是在凄风苦雨中度过。可是，在新中国，党和国家这样无微不至地关怀着他，今天还这样特意为他举行盛大和隆重的庆典，纪念他的生日，他抚今思昔，怎能不激情满怀、思绪万千呢！

庆祝会上，中央人民政府副主席李济深首先讲了话。中共中央宣传部副部长周扬授给齐白石荣誉奖状。

周扬把奖状送到齐白石面前，亲切地同老人握手，衷心地祝愿他。大厅里响起了一阵又一阵的热烈掌声。

接着，周扬同志发表了热情洋溢的讲话。他说：

> 齐白石先生是中国人民卓越的艺术家，他在中国美术创作上有特殊的贡献。他的艺术继承了中国绘画的现实主义传统，发挥了"形神兼备"的特色。
>
> 由于他出身劳动者，他的作品多取材于一般人民日常生活和接近的自然风物，具有健康、朴素的色彩……

老舍、田汉等人也在会上发言，大家盛赞齐白石对祖国传统绘画艺术的发展所作出的卓越贡献，衷心地祝福老人健康长寿。

著名作家老舍在大会上深情地回顾了他与齐白石交往的许多难忘的往事，他讲起了白石老人绘画粽子的传神和精练，讲起了白石老人创作《蛙声十里出山泉》的趣事。

他兴奋地向大家说："那一次，我用了一句'蛙声十里出山泉'的诗句，请白石老人作画。老先生为了这个题目，两夜都没有睡好觉。他想，画面上怎样才能表现出蛙声呢？于是，他没有去画蛙，而是在山泉里画了蝌蚪，让人们在自己丰富的想象力中去听到蛙声。白石老人就是以这种独创的精神去从事艺术创作的。"

老舍先生连连赞扬齐白石老人对待艺术创作一丝不苟和严肃认真的态度。

田汉则运用白石老人80岁时给美术学院学生的诗句"半如儿女半风云"来阐述齐白石的艺术风格,指出他的画既细腻如儿女之情,又豪放如风云变幻的多种气概。

会议热烈进行中,周恩来也在百忙之中来到了会场,参加这个盛大的庆典。大家一见周恩来健步走来,热烈地鼓起掌来,大厅里的气氛也达到了高潮。

周恩来频频地向大家招手致意,他径直地走到了齐白石的身边,俯下身来,亲切地说:"我代表全国人民,代表毛泽东主席,衷心地祝贺您生日快乐和健康长寿,祝您艺术生命长青。"

齐白石见周恩来竟然会在日理万机的繁忙工作之中,专程前来为自己祝寿,显得喜出望外,他紧紧地握着周恩来的手,激动地说:"感谢共产党和政府,感谢毛泽东主席和您对我的关心,我能活着看到今天,看到新中国在中国共产党的领导下走向国泰民安,才是我最值得庆贺的事。"

说着,他的眼眶里闪烁着泪花。

周恩来亲切地说:"您是人民杰出的艺术家,您为人民、为我们的国家作出了非常大的贡献,人民永远不会忘记您。您得到这份荣誉是当之无愧的。"

接着,周恩来仔细地询问了老人的身体状况和生活起居以及艺术创作情况。

"听说老人家近来画兴很浓,画了很多题材新颖的作品,新中国成立后生活安定,没有顾虑,愿意为人民为祖国多作一些贡献的心情,是可以理解的,但毕竟是90岁高龄的人了,今后要注意休息,保护好身体。有什么困难,党和政府一定给予妥善的解决。"

周恩来关切地嘱咐着,还风趣地说:"我还等着为您做百岁大寿呢!"

说完,周恩来还与齐白石合影留念,老人激动的心情真是难以形容。

仪式之后,齐白石在家人的搀扶下,缓步绕场一周,观看墙上挂着的代表他不同时期的作品。他看得十分仔细,每一幅画都会勾起他对逝去生活的回忆。

齐白石在一幅鱼图前停了下来。这是他20多岁时的作品,那时他还不是专业画家,这幅画70多年流传在民间,到今天才见到,他真是感慨万千,当时就在这幅画上题了字。

晚上,中华全国美术工作者协会及中央美术学院举行庆祝宴会,大家共同举杯祝愿齐白石长命百岁。

第二天,齐白石早早起来,来到画室,铺好纸,仔细地画了几幅画,送给周扬等几位同志。其中,送给艾青的是一幅40×30厘米的画,画的是一幅樱桃,白盘里装满了艳红的樱桃,颗颗鲜艳欲滴,上面题:

若教点上佳人口,言事言情总断魂。

后面的落款为"庚寅九十老人白石"。

庆祝大会过后不久,毛泽东派人补送了4件礼品,祝贺老人寿辰快乐。

这4件礼品是:一坛湖南特产茶油寒菌,一对湖南胡开文笔铺特制长锋笔毫书画笔,一棵东北野山参,一架鹿茸。

礼物是上午送到的。当时齐白石正在作画,他见了毛泽东送来的这些珍贵礼品,激动不已,说:"毛主席今天给我送这样重的礼,太看得起我了。古人讲'蔗境弥甘',在新社会我可是享到了这份清福了。"

这以后的几天时间里,齐白石一直沉浸在幸福和激动的氛围之中。闲暇时,他特意构思并绘制了两幅画送给毛泽东,一幅是《旭日老松白鹤图》，一幅是《祝融朝日图》。

旭日象征党的光明和温暖，老松和白鹤是祝愿毛泽东主席长寿；祝融朝日，是说明太阳出在湖南的意思，表达了他对美好新中国的祝愿。

新中国成立后，祖国进入了一个新时代，这个时代给齐白石的创作也带来新的活力。他以愉快的心情清理多年积存的宣纸，每天都要画几张画，他画花鸟，画鳞介，还画工人和农民。

他曾画手执铁锤的工人和一个农民并肩行进的作品，用来歌颂工农联盟。他还不止一次刻过"为人民服务""学工农"的印章。

在齐白石90岁高龄的时候，他还创作了《祖国万岁图》。这是一幅彩色万年青的画面，作品上方篆书了"祖国万岁"4个大字，表达了老人热爱祖国的心声。

他在党和人民的怀抱里，沐浴着春风，过着宁静和幸福的晚年生活。党和政府对于他的照顾是无微不至的。在他生日之前，政府拨款派人修缮了他的跨车胡同的住所，还派医生定期为他检查身体。

大家选举他担任全国美术工作者协会主席和中国画研究会主席。他精神健旺，心境舒畅，在这个修饰一新、明亮、宁静的画室里，辛勤地耕耘着。

他的创作激情一泻而不可遏止。在短短的一年时间里，他创作了600多幅作品，刻印还未计算在内，这是10多年来老人创作最多的一年。

这一年的12月，齐白石用了整整半月的时间，为东北博物馆书写了《党在过渡时期的总路线》的全文，并对东北博物馆的领导说："共产党在过渡时期的总路线，全是为了国家的建设和老百姓的利益，有了这样的政党，有了这样的国家领导人，中国的出路和前途将会更加光明。"

齐白石老人不但自己不断求新，作画不止，而且还继续投身于美

齐白石·跨进新的时代

术教育事业。他担任中央美术学院名誉教授,每当天气晴朗之时,他便不顾年高体衰,到校授课,并作画十余幅,分赠他的学生。

齐白石一生收了很多学生,其中李苦禅、李可染、于非闇等人在中国现代绘画史上都可称为大家。

1954年,东北博物馆和北京故宫博物院先后举办了"齐白石画展",喜爱齐白石画的中外人士从世界各地赶来,人数之多,令齐白石倍感欣慰。

在北京故宫博物院举办的展览会上,一共展出了齐白石的121幅作品,这是从他39岁至91岁为止的代表作,而尤其以他70岁至80岁这10年间的作品为多。

那天,智利画家、亚洲及太平洋区域和平大会联络委员会副秘书长万徒勒斯先生也赶来了。

作为一个画家,他从齐白石的艺术语言中看到了中国大师深厚的底蕴,他无限感慨地说:"我们很难得看到这样一个展览会,包括一个画家在50多年长时期所创作的作品。其中前后风格有所不同,但又看出其间的发展与联系。我觉得和这样一个杰出的画家生在同一时代是幸福的。"

齐白石也是幸福的。在他一生中,举办和参加过许多画展。1946年的那一次南京画展,他是不会忘记的:200多幅画,一堆金圆券,换了两袋面粉。而今天,他的作品作为祖国艺术宝库中的奇葩,被精心地珍藏起来。

只有在人恢复了作为一个人应有的尊严和人格的国度里,他的作品才能获得应有的地位,应有的艺术价值。

这里的每一幅画,都深深地蕴藏着那记忆里的往事,能勾起他对失去了的岁月的依恋与思念。齐白石站在自己的图画前,静静地品味着,凝思着,似乎在寻找失落的什么。

1954年8月,齐白石被湖南人民选为全国人大代表,并在9月

15日出席了首届全国人民代表大会第一次会议。

这天,是一个晴空万里、天高气爽的美好日子,一大早,齐白石怀着十分喜悦的心情,穿了一身崭新的衣服,胸前佩着代表证,驱车来到了怀仁堂。

会场庄严、隆重,代表们喜气洋洋。党和国家领导人毛泽东、周恩来、刘少奇、朱德等同志来了。当他们出现在主席台上时,全场响起了暴风雨般的掌声。

毛泽东致了开幕词。他那洪亮、气势雄伟的湖南口音,齐白石听来十分亲切、悦耳。

毛泽东每一句话都说到了他的心上。他唯恐自己年老记忆不好,戴上老花镜,认真地记录着毛泽东的讲话。

齐白石参加了湖南组的讨论,见到了家乡的代表。

湖南的代表们紧紧地把他围了起来,亲切地询问他的生活、身体状况,谈论着家乡四五年来的巨大变化。

经历了人世沧桑的90岁老人,如今当家做主,到这庄严的大会上与党和国家领导人共商治国大计,他的的确确感到世道变了,人民真正成了国家的主人。

会议期间,湖南的代表还专程到跨车胡同齐白石的住所拜访他。不大的庭院里,像过节日一样,热闹非凡,笑声盈盈。

会议的最后阶段,齐白石与所有代表履行神圣的职责,投票通过中华人民共和国第一部宪法,选举了国家的领导人。当毛泽东以全票当选为国家主席时,会场上爆发出经久不息的雷鸣般的掌声。

此时,齐白石热泪盈眶,手都拍麻了,还在使劲地鼓掌。他知道,毛泽东是中国人民的忠实儿子,也是湖南人民的忠实儿子。

毛泽东不仅关心全国的大事,也对他进行了无微不至的关怀与照顾,这是他永世不能忘怀的。

饱含崇高的和平意识

1955年2月17日,齐白石不顾自己92岁的高龄,参加了首都文学艺术界响应世界和平理事会关于发动大规模反对使用核武器的签名大会。会上,齐白石讲了话,怒斥美帝国主义,并在告全世界人民书上签下了自己的名字。

会后,齐白石联系陈半丁和何香凝等14位画家,准备集体创作一幅以和平为主题的画,为1955年在芬兰举行的世界和平大会献礼。

齐白石与这14位画家经过精心构思之后,于1955年6月,用了半个月的时间,共同创作出了巨幅画《和平颂》,并委托中国出席世界和平大会的代表团带到芬兰献给大会。

由于齐白石在绘画上的巨大成就,许多国际名画家都慕名前来中国与齐白石会面,并专门研究他的艺术成就,再回国去作报告。

1955年12月11日,德意志民主共和国总理格罗提尼、副总理兼外交部长博尔茨来到我国进行友好访问期间,特地赶到齐白石住所,代表德国艺术科学院授予齐白石通讯院士的荣誉状,这在当时的民主德国是一种很高的荣誉。

为表示感谢,齐白石特意选了两幅自己的精品作为礼物送给德国客人,一幅《鹰》送给格罗提尼总理,另一幅《菊花蝴蝶》送给博尔茨副总理。

1956年1月,在齐白石诞辰93岁之际,苏联对外文协和艺术工作者先后在莫斯科和基辅集会以示庆祝。

直到这时,白石老人还在不倦地作画。

1956年4月27日,又是一个让人难忘的日子,这一天,世界和平理事会书记处宣布，把1955年国际和平奖金授予中国画家齐白石。

这项奖金包括：一份荣誉奖状，一枚金质奖章，500万法国法郎，当时合人民币3.5万元。全世界几十亿人中，每年只有4位对维护和平事业作出卓著贡献的人，能够得到这份崇高的荣誉。

9月1日夜晚，在中国人民保卫世界和平委员会的会议大厅里，灯火辉煌，充满着热闹和欢乐的气氛。

中央和国务院一些部门的负责人，文化艺术界的作家、诗人、画家、学者等名流，纷纷地从机关和各自的家里，汇聚到了这个大厅里，参加即将在这里举行的授予齐白石世界和平理事会国际和平奖金的仪式。

这是文学艺术界继齐白石90寿辰之后，又一次为这位大师举行的隆重、盛大的集会。

会议还未开始，人们已经络绎不绝地来到，他们个个兴高采烈，笑逐颜开。因为这不仅仅是齐白石的荣誉，也是全国人民的荣誉。

20时，隆重的授奖仪式正式开始。世界和平理事会副主席、中国人民保卫世界和平委员会主席郭沫若首先致辞。接着，在热烈的掌声中，茅盾代表世界和平理事会国际和平奖金评议委员会向齐白石授奖。

齐白石在与会者一双双热情的目光的注视下，伸过双手，接过了蓝色封面的奖状。接着，茅盾又亲切地将一枚金质奖章佩在齐白石的胸前。

始终站在身边并注视着这每一细节过程的郭沫若，这时弯下身子，亲切地帮助

白石老人展开了奖状，轻声地把奖状上的词念给了老人听，齐白石兴奋地不停地点着头。

之后，大会上宣读了世界和平理事会约里奥·居里给齐白石的祝贺信和部分世界著名人士的贺电和贺信。

世界和平理事会书记处派来的代表阿尔弗莱多·瓦列拉走向齐白石的座椅，紧紧地握住老人的双手，亲切地说："世界和平理事会和我个人向您致以崇高的敬意。"

说着，他转向了麦克风，以充满感情色彩的语调，发表了热情洋溢的祝辞：

敬爱的大师：

我记得我在阿根廷的一个省份里，即在拉·里奥哈省里，见到一株19世纪初叶所种的橄榄树。这株老树还是那般葱翠和欣欣向荣，每年都生长了许多美味的橄榄。

我们看您就像那棵开花结果的巨树一样，年高，但朝气蓬勃，永远富于创造性，在精美的作品中一次再一次地表现出来。

亲爱的大师，您是多么的幸福啊！您生活在这个国家中间。得到了中国人民给您应享有的热爱，这个强大的人民共和国已经赋予这一种最古老的文化以新的生命。在一个国家的艺术家中间有齐白石这样一个杰出的创造者，这个国家是多么幸福啊！

瓦列拉的热烈诚挚的讲话感染了在场的每一个人，博得了全场热烈的掌声。在阵阵的热烈掌声中，齐白石的许多朋友和门生都发表了热情洋溢的讲话。

齐白石激动地致了答谢词。他说："世界和平理事会把国际和平奖金获得者的名誉加在齐白石的名字上，这是我一生至高无上的光荣，我认为这也是给予中国人民的无上光荣。正由于我爱我的家乡，爱我祖国美丽富饶的山河大地，爱大地上一切活生生的生命，因而花了我的毕生精力，把一个普通中国人的感情画在画里，写在诗里。直到近几年来，我才体会到，原来我追逐的就是和平……"大厅里又响起热烈的掌声。

在这掌声里，郭沫若兴高采烈地说："愿到会的同志们都像齐白石先生一样长寿！"

在这掌声里，身着藏青色中山装的周恩来，十分高兴地赶到了会场，他热烈地握着老人的手，衷心地祝贺他获得这崇高的荣誉。

休息后，大会放映了电影《画家齐白石》。会议结束后，回到家里，已将近深夜23时，齐白石没有一点倦意。

这个只上了半年学的贫苦农民的儿子，一个木匠出身的人，经过种种的磨难与奋斗终于成为全世界闻名的丹青大师。抚今思昔，他思绪万千，心情久久不能平静。

他感到欣慰的是，新中国成立后，在党和人民政府的大力支持下，他毕生所热烈追求的国画事业得到了前所未有的蓬勃发展。从明清到民国元年，一味模仿"四王"的毫无生命力的画风，为之一变。他的独创性，他在艺术创作上所遵循的现实主义道路，得到了广泛的赞誉和肯定。

他在会上宣布，把奖金的一半长期存在银行里，每年所得的利息以"齐白石国画奖金"的名义，作为优秀国画家的奖金。

他请郭沫若、陈叔通、叶恭绰、陈半丁和罗隆基代他筹划这一奖金的用法。

他深情地说："这就表明我永远关注我们国画的发展和进步，也表示我永远热爱世界和平。"

他对于自己的这一决定感到满意和欣慰，以至于躺在床上，还在思索着怎样用这笔奖金奖掖后生，发展国画事业。

齐白石获得世界和平理事会国际和平奖的消息传开后，千百封的来信寄往了雨儿胡同，寄到了他那间宽敞明亮的画室之中。

这些信，有的来自冰雪纷飞的黑龙江嫩江畔的小镇，有的来自他曾经在那里度过美好时光的岭南大地，有的来自东海之滨。来信的有工人、农民、解放军战士，还有中小学生。

他记得，陕西的一位9岁的小朋友曾给他寄来了一封热情洋溢的信。信封上写着"齐白石老爷爷收"。

工作人员把信剪开，附在齐白石的耳朵旁，慢慢地朗读起了信：

齐老爷爷：

　　我的名字叫茶花，我非常喜欢干净、漂亮。爸爸告诉我：不但外表要干净、漂亮，里面也要干净、漂亮；要有好品行，好思想。我决定这样去做。我请爷爷画一株有品格的大茶花给我。不知道齐爷爷有工夫吗？

白石静静地听着，眉宇舒展开了，笑了。他嘱咐身边的工作人员给茶花小姑娘回了一封信：

茶花小朋友：

　　你的来信收到了，我们念给了齐老听了，他听了很高兴，说："茶花真是个好孩子，我现在不能画画，代我写信问她好吧！"

　　齐老自去年冬天因岁数太大，由政府照料住在雨儿胡同，为了照顾他的精神健康，不敢叫他多做脑力劳动，所以不能达到你的要求。兹寄上印刷品茶花一张作为纪念吧！

　　　　　　　　　　　　　　　　　　　齐宅秘书室

茶花姑娘非常高兴,将这张印制的山茶花及回信,小心地夹在少年儿童出版社出版的那本《齐老公公的画》的集子里,仔细地珍藏着。

这年的冬天,在一个晴朗、和暖的日子里,齐白石有事要找周恩来。他在儿子良迟和良已的陪同下,驱车来到了中南海。可是,由于事先没有联系,周恩来已经开会去了,不在办公室。老人一听,脸上露出失望的神色。

周恩来办公室的秘书一看齐白石老人突然到来,一定有什么急事,便十分亲切地招待老人坐下,端上了一杯清香可口的茶,请他们3人耐心等候。而后,他又去与周恩来通了电话,回来对老人和良迟、良已说:"请各位稍等一下,总理开完了会就回来。"

齐白石和儿子刚等了有20多分钟,周恩来裹着一身寒气,进屋来了。

周恩来两道浓眉下的一对炯炯有神的大眼,放射着亲切的和智慧的光辉。他一见齐白石坐在那儿,连口水也顾不上喝,就朝着老人走了过来。

齐白石和两个儿子一见周恩来,都激动地站了起来。周恩来紧紧地握着齐白石的手:"让您老人家久等了,忙着开会,又离不开。"

说着,他轻轻扶着齐白石说:"请老人家坐下谈,请坐,本来我要去您那儿的。"

齐白石刚落座,周恩来又亲切地同良迟和良已紧紧地握手。接着,周恩来在老人身边坐了下来。交谈是在家庭般无拘无束的亲切气氛中进行的。

这时,午饭时间早已过去了。周恩来因为开完会急着赶来见他们,所以午饭也没有吃。当周恩来知道齐白石他们也没有吃饭时,便立即嘱咐秘书给弄些饭来吃。

周恩来带着歉意，解释说："真对不起，没有约定，只好请你们这些'不速之客'吃面条了。"

工作人员很快端来了面条，放在桌子上。

周恩来赶忙站起来，亲自给齐白石端了一碗，然后又分别给良迟和良已各端了一碗，风趣地对老人说："今天我们只好同甘共苦了。"说着，大家都哈哈大笑了起来。

老人刚来时多少有点愁苦的情绪，这会儿因周恩来的一席话和乐观、坚毅的神情一扫而光，他边吃边操着浓重的湖南口音，回答说："好的，好的。"

吃着吃着，周恩来突然想起了什么，低吟了起来："不独老萍知此味。"

稍微停顿了一下，周恩来又拉长了语调："先人三代咬其根。"大家一听，都大笑了起来。

原来周恩来念的是齐白石20世纪40年代画过的白菜图上的题诗。这些诗和画充分展现了齐白石淡泊明志、不忘过去苦难生活的感情。谁知日理万机的周恩来不但记得很清楚，而且说得朗朗上口。

这情景深深地感动着老人，老人十分振奋和开怀，笑得前仰后合，银丝飘逸，周恩来也高兴地大笑了起来。

在欢乐和亲切的气氛中，周恩来同齐白石一起吃了这难忘的一顿饭。饭后，齐白石告辞了。周恩来亲自搀扶着老人，走向早已等候在门外的汽车。齐白石十分感动，请周恩来留步。

"我送您回去。"周恩来爽朗地说着，开了车门，把老人扶上了车。

齐白石和良迟、良已都被周恩来那热诚、质朴无华、平易近人的态度深深感动了，他们感到十分过意不去，总理这么忙，怎么好麻烦他亲自去送。

他们一再劝周恩来不要去了。周恩来还是坚持要送。他说："老

人来一趟不容易,我本来就要去看看。"说着就上了车。

秘书跑出来,提醒周恩来穿大衣,免得受凉了。

周恩来说:"我知道齐老先生的家,不远,不用穿大衣。"

车沿着中南海松柏交映的小路驶去。周恩来望了一下前面的司机说:"开慢一点。"

司机点点头:"请总理放心。"

车出了新华门,汇入到了车流人海之中,急驰而去,拐了几个弯,到了齐白石老人的住处。等车刚停稳,周恩来就下车,亲自开了车门,搀扶着齐白石下车,进屋。

谁都没有料到周恩来会亲自送老人回来,家里什么也没有准备。齐白石还没有落座,就叫家里人赶快买东西来招待。不一会儿,一盘苹果端到了画室。

周恩来马上削了一个,递给齐白石老人。老人连忙摇摇手,风趣地说:"请客人先用。您也是'不速之客',我们没得准备,对不住啰,对不住。"

周恩来一听,边吃边笑,接着说:"今天款待我吃苹果,蛮不错嘛,比您过去'寒夜客来茶当酒'好多了。"老人一听,又笑得前仰后合。

"寒夜客来茶当酒"是齐白石20世纪30年代画的一张画,可是周恩来却看到了。他对一个老画家的了解是多么的透彻,老人怎能不为之感动。

时间一分分地过去了,天渐渐地暗了下来,齐白石与周恩来一起度过了美好和宝贵的时光。将近傍晚时分,周恩来起身告辞了。他走近了老人,弯下腰,亲切地拉着老人的手说:"告辞了,老先生,请多保重,我还会来看您老人家的。有事打个电话,我就来。"

老人依依不舍,深情地拉着周恩来,坚持挽留他吃了饭再走。

"公务在身,不由自主啊!"周恩来风趣地说。

齐白石见周恩来执意要走,就让家人搀扶着,蹒跚地送周恩来到了大门口。

周恩来再次和齐白石握了手,一再嘱咐老人要注意休息,然后才上了车。车开了,周恩来还探出头来,招手、点头、微笑。

在将近一个世纪的岁月里,齐白石见过清王朝的顶戴大官,民国时的风云人物,外国的要人,然而,像周恩来这样身居要位,却平易近人和质朴无华的党和国家领导人,他还是第一次见到。

共产党是人民的公仆,他在敬爱的周恩来的身上,看到了这光辉的一面。回到室内,齐白石的心久久难以平静,口中不断地低吟:

> 暮年逢盛世,搭帮好总理,
> 老骥珍伏枥,报国志千里。

晚上,在明亮的电灯下,他研墨调色,十分经意地画了一幅红红的大牡丹画,表达了欣慰的心境。

第二天早上,他精心地挑选了一幅得意之作《荷花鸽子》,专程派人送到中南海,送给了周恩来。这是裱在瓷青色绫子上的一幅六尺横幅,裱得也相当精细。画画和赠画,这是老人抒怀寄意的老习惯了。

会见齐白石老人不久,了解了老人的生活起居情况,周恩来在百忙中把国务院秘书长齐燕铭找来,请他在全国政协礼堂召开了一次专门的会议,研究了如何照顾好齐白石老人的问题。

这一切,虽然齐白石不知道,但他从党和国家对他的细致入微的关切之中,早已发现了新中国对待一个普通艺术家浓浓的关怀之情。

生命尽头的不懈追求

1957年，齐白石已是94岁高龄了。老人一生养生有道，平日不饮酒，只有在吃过寒性大的食物后才饮一小杯，以解寒凉。他自年轻时接受朋友劝告戒烟，几十年再没动过。老人喝茶只喝清淡的茶，有时喝白开水。

他没有高血压和冠心病等疾病，平时很喜欢走路，直到80多岁时，还常从西单辟才胡同步行到前门大街饭馆用餐。往返路程甚远，他却毫无倦意。他认为自己长寿的原因之一是在画完画后，将画悬挂于壁，自己就坐在对面细细端详，这样就会感觉心情非常舒畅。

他曾对人谈及养生之道有三：谨言语、节饮食、省睡眠。他平日除作画之外，就种花养鱼及饲养虾、蟹、小鸡等动物，以观其形态动作，很少与人说话。

有客人来谈话，他就端坐静听，有时讲小故事，数语即毕，饶有风趣。饮食不多，定时定量。他每天睡眠不超过8小时，清晨即起，学生来后就作画，切磋琢磨。午睡靠在躺椅上，小憩便醒，继续作画，天黑才休息。

这样有规律的生活伴了齐白石一生。现在，他感觉明显老了：精神不振，爱睡觉，不爱说话；食欲不好，记忆力也有所减退；虽然还常画画，但经常画一半就以为画完了，或题字时只题一部分就放下了笔；写字也常多一笔或少一笔的。

1957年春夏之际，齐白石老人开始患病。党和政府非常关心他的身体情况，特地请有名的中西医师来为他看病。

一天早晨，风和日暖，齐白石老人起床后，没用别人扶持，自己从卧室走到了画室,他要作画。老人的五子齐良已赶紧铺开纸,准备好了颜料等东西。

齐白石和往常一样,挽起袖子,不慌不忙地选出想用的笔,又用手摸了摸纸,仔细辨别了纸的正反面,然后拿起笔,对着纸停视了片刻,就小心翼翼地蘸了洋红,齐良已一看用大笔蘸洋红,就知道父亲要画牡丹了。

牡丹花是老人最喜欢画的花卉之一,齐白石一生画过多少幅牡丹,自己都记不清了。每年牡丹花开的季节,老人都到公园去赏花,观赏牡丹花的各种姿态。他画的牡丹千姿百态,富丽堂皇,欣欣向荣。

这一天,齐白石的情绪很好,兴致极高,用墨用色,信手拈来,笔尖用极重的洋红,画得淋漓尽致,颜色美艳绝伦。

花叶由下到上是墨绿至老黄,有墨有色,色墨交替。色未干时用苍劲的笔法勾的叶筋,时隐时现,使得茁壮的叶子能分出阴阳向背和前后的层次来。画好最后一片叶子,老人让良已把画用铁夹子夹在横在屋里的一根铁丝上,这是他的老习惯。

齐白石说:"作画是在桌上。看画是在墙上。所以,画完必须挂起才能看出好坏。"

他坐在椅子上看了许久,又拿回画案上,特别小心地添了几笔动叶,再挂起来。直到这时,他才苍劲地题上了"九十五岁白石"的字样。这幅牡丹花是老人一生中最后一幅画。

1957年9月15日清晨,齐白石老人感觉身体不适,家人赶紧请来一位中医给他诊治,服了一剂汤药,病情未见好转,不久就昏迷了。消息传到中国美术家协会,负责同志立即到北京医院请来了专家会诊,使用了各种办法,但齐白石老人的病情没有好转。

1957年9月16日15时,齐白石的病情恶化,16时,在医护人员的精心护送下,他被转到北京医院抢救。虽然经过多方努力,老人终因心脏过于衰弱，于18时40分与世长辞了。

齐白石在这个多彩的世界上，整整生活、耕耘了94个春秋。

世界画苑的一枝奇葩凋谢了。丹青大师齐白石结束了他将近一个世纪多彩的生命历程，安详地躺在北京医院洁白的病榻上。洁白的墙壁，洁白的天花板，洁白的被褥，一切都是白的。宁静、圣洁、肃穆，像他的一生。

在齐白石弥留之际，他的儿子、儿媳、孙儿们紧紧地守护在他的身旁。他们注视着医生们忙碌而有秩序进行抢救。希望富有经验的医学专家们能有回天之力，能够把老人从死神的手里争夺过来。因为人民需要他，社会主义新时期蓬勃发展的艺术事业需要他。

齐白石自己希望能活到120岁，能够为人民创造更多更精美的画，然而，他去了，放下了手中的彩笔。

在齐白石辞世后的半个小时，中央有关部门的负责人，美术界的同行们、朋友们和他的门生，纷纷来到他的遗体旁，默默地伫立着，流着泪，向这位画坛巨匠致以最后的敬意。

新陈代谢是不可抗拒的，这人们都是知道的。但是，作为一个受到国内外人民广泛敬仰和热爱的大师，人们还是觉得他走得太早、太突然了。

虽然从前一年开始，大家发现齐白石的生命逐渐在萎缩下去，好遗忘，精力也大大不如从前了。但是，人们同样发现，他的艺术创作力却是异常的旺盛。

党和人民政府想方设法来照料齐白石的身体，一再劝说他不要画了，至少少画些，少接见宾客，静心地、随心所欲地休养好。

根据周恩来的指示，由齐燕铭主持的那次会议之后，特约了中西医专家定期地为他检查身体。

在1月份的时候，年迈的白石老人受了点凉，医生赶来为他再次做了全面检查，发现他的心脏和血压都正常。

2月15日，中国木偶艺术剧团的同志们知道齐白石喜欢看木偶戏，特地选派了20多位技艺精湛的演员，带着繁重的道具，专程到他的家里，搭台为他演出了精彩的《小放牛》《猪八戒招亲》《秧歌舞》等节目。

齐白石听说木偶艺术团是专门来为他演出的，心情非常激动，他兴高采烈地观看了演出，坐在椅子上同演员们一一握手，感谢他们的一片心意。

5月22日，毛泽东专门派了秘书田家英来到跨车胡同，探望齐白石，问候他老人家的生活起居、身体状况。

已经不爱说话的齐白石很是兴奋，侃侃而谈，倾诉自己思念毛泽东，感谢毛泽东，希望有一天能到毛泽东身边，合照一张照片的由衷之情。

客人走了，齐白石伸出手，指着文化部授给他的奖状上的毛泽东像，不停地说："毛主席真是太看得起我了。"

1957年9月17日，中央人民广播电台广播了齐白石逝世的消息。这一天的《人民日报》《工人日报》《中国青年报》《光明日报》和全国各省市的报纸，都刊载了齐白石逝世和以郭沫若为主任的齐白石治丧委员会组成的消息。

这一天，简朴庄重的遗体入殓仪式在北京医院举行。

灵柩是他20多年前亲自设计的，用的是他故乡湖南出产的杉木，漆了几层厚漆。

齐白石的遗体被安放在灵柩之中。按照老人生前的遗愿，随葬的东西，一件是他刻着自己姓名和籍贯的印章，另一件是他使用了将近30年的漆拐杖。遗体入殓之后，立即移灵到嘉兴寺殡仪馆。

灵堂布置得庄严肃穆，正上方悬挂着"齐白石先生永垂不朽"的白边黑地金字的横额。

灵柩前立着齐白石遗像，上面扎着白布花。中央和国家机关、团体、国际友人以及齐白石生前好友送的花圈、挽联，密密地陈列在灵堂的四周。

周恩来送了花圈。

中国美术家协会的挽联上写着：

抱松乔习性，守金石行操，峥嵘九七春秋，不愧劳动人民本色；

抒稻忝风性，写虫鱼生趣，灼烁新群时代，平添和平事业光辉。

郭沫若的挽联为：

百岁老人，永使百花齐放；

万年不朽，赢得万口同声。

21日，北京市各界人士，络绎不绝，前来向这位人民忠诚的儿子祭奠，表示最后的深深的敬意。

在北京的美术界的同行们，他们4人为一班，轮流肃立灵前，为齐白石守灵。

22日上午10时30分，庄严、隆重的公祭仪式在嘉兴寺举行。周恩来、陈毅、林伯渠、陈叔通、董必武、李维汉、周扬、沈雁冰，以及各有关单位、人民团体的代表，齐白石生前的好友、门生共400多人，参加了公祭。

各国驻华使馆的代表和齐白石生前的外籍朋友也赶来参加了公祭，向这位为和平事业、为世界艺术的繁荣昌盛而整整奋斗了一生的中国艺术巨匠，表示深深的哀悼。

在低沉的、悲痛的哀乐声中，郭沫若宣布公祭开始，数百人朝着齐白石的遗像深深地三鞠躬。不少人眼里飘着泪花，许多人压抑不住悲痛的心情，失声痛哭。

在郭沫若致悼词之后，中国美术家协会副主席蔡若虹介绍了齐白石的一生道路和他在艺术上的辉煌业绩，以及他在中国当代绘画史上无与伦比的历史地位。

治丧委员会收到了世界和平理事会和17个国家许多团体和个人拍来的40多封唁电和国内的许多唁电。

齐白石的亲属向与祭者行礼致谢后，起灵了。

灵车和数十辆送灵的车，沿着长街缓缓行进。齐白石将安葬在老人生前为自己选择的最后安息之所——魏公村的湖南公墓。

灵车经过之处，行人驻足，行车停驶，人们默默地伫立着、目送着齐白石老人远远而去。别了，一代大师，愿您安息在祖国宽厚、仁慈的怀抱里。

墓地质朴无华，和他那水墨画卷一样。墓前的碑石是用花岗石镌刻的，字是篆体。

这是齐白石生前亲自预备下的，上面写着"湘潭齐白石墓"6个大字。旁边是他继室胡宝珠的墓。

到达墓地，举行了安葬的仪式。文艺活动家周扬、文化部副部长钱俊瑞、著名文学家夏衍和老人的生前好友、亲属参加了安葬仪式。

在哀乐低鸣声中，灵柩缓缓地放入了墓穴之中。

他走了，然而他的英名和业绩永远留在人类的历史中。全世界人民永远怀念中国人民杰出的儿子、一代丹青大师齐白石。

附 录

人欲骂之余勿听也，人欲誉之，余勿喜也。

——齐白石

经典故事

勤奋刻苦的童年生活

齐白石小时候，家景不好，所以当他的两个弟弟出生后，他不得不辍学在家帮忙。从1871年至1873年的3年时间里，小小年纪的齐白石，一边帮家里干活，一边抽空学习。

一天，齐白石在山上专心读书，忘了砍柴，粪也捡得不多，吃完晚饭又提笔写字时，他祖母就叹息着说："伢儿，你投错了人家。"

此后，齐白石总是先将柴砍好，粪捡满后才坐下来学习，几年下来，他不但温习学馆中已学过的几本书，还自己读《论语》，把不懂的地方、不认识的字记下来，积累一段时间就去请教外公。这样一点点积累，竟然把《论语》读完了。

正因为齐白石勤奋刻苦，才最终从一个牧童而为木匠，由木匠而为雕匠、画匠，并成为了一个有名的画家。

成功戒烟传为佳话

齐白石年轻时吸烟，一度烟瘾还较大，后听从朋友劝告彻底戒了烟，成为烟文化中的一段佳话。

齐白石15岁时，在湖南湘潭拜雕花木匠周之美为师学手艺，周师傅以手艺高明和烟瘾大而闻名。齐白石在学艺的同时，也跟师傅学会了吸烟，而且烟瘾越来越大，经常随身带着烟筒和烟盒。

1895 年，31 岁的齐白石参加了湘潭罗山诗社。在拟订章程的社务会上，大家提出"不赌博""不饮酒""不玩女人"和"不吸烟"的规定，对于"不吸烟"这一条，齐白石唯恐自己难以做到，于是沉默不言，没有表态，社员们体谅到齐白石烟瘾很大，就没有将"不吸烟"放进章程里。

过了几天，诗友们又组织登山，途中，一位诗友突然发问：孔老圣人最爱好什么？诗友们各抒己见，但说不出权威结论。这时，一位诗友突然语出惊人："我看孔老圣人最爱吸烟！"

此语一出，众人迷惑，因为印第安人 14 世纪才发现烟草，传入中国的时间更迟，孔子时代还根本没有香烟，他怎么能爱上香烟呢，岂非天方夜谭？

看到众人不解，这位诗友慢慢道出了原委："去年我去王秀才府上拜年，见到他在孔夫子灵位上贴的一副对联：'茶烟待人客，笔墨不当差'，据说请他作文写字的人实在太多，他贴出这一对联，意思是他常以茶烟待客和自用，希望求文求字的人能出些茶烟钱。王秀才是孔夫子门生，门生吸烟，作为老师的孔夫子当然喜爱香烟了。"

一席话，说得众人哈哈大笑。

说者无意，听者有心。听了这位诗友讲的故事，齐白石深有感触地说："不瞒诸位，我吸烟已有 10 多年历史，平时写诗和作画都喜欢吸几斗水烟，现在大家这样诚意劝我，我一定要把烟戒掉。"

齐白石一边说，一边从口袋中掏出精美的烟盒扔到山溪中，并口说一联：

烟人水上去，诗自腹中来。

众诗友为齐白石的举动拍手称好。

从此，齐白石果然不再吸烟了。从这里也可以看出这位艺术大师的毅力和决心。

坚忍不拔的学艺精神

年轻时候的齐白石就特别喜爱篆刻，但他总是对自己的篆刻技术不满意。

一次，他向一位老篆刻师虚心求教，老篆刻师对他说："你去挑一担础石回家，要刻了磨，磨了刻，等到这一担石头都变成了泥浆，你的印就刻好了。"

于是，齐白石就按照老篆刻师的意思做了。

他挑了一担础石来，一边刻，一边磨，一边拿古代篆刻艺术品来对照琢磨，就这样一直夜以继日地刻着。刻了磨平，磨平了再刻，手上不知起了多少个血泡。日复一日，年复一年，础石越来越少，而地上淤积的泥浆却越来越厚。最后，一担础石终于通通都"化石为泥"了。

这坚硬的础石不仅磨砺了齐白石的意志，而且使他的篆刻技术也在磨炼中不断长进，他刻的印雄健、凝练，独树一帜。渐渐地，他的篆刻技术达到了炉火纯青的境界。

诚实的经商风格

齐白石生前的画卖得并不贵。1910年，吴昌硕给他定的收费标准为：4尺12元，5尺18元，6尺24元，8尺30元，册页、折扇每件6元。

1922年，齐白石的画友陈师曾到日本去，带了他几幅画去卖，其中《杏花》等数幅每幅的价是100元，2尺纸的山水一幅卖得250元。

齐白石后来享有盛名,也从不把画价抬高。1949年以后,一直到他逝世那年,他已经是世界闻名的当代第一流画家,可是他的画价,始终还是按吴昌硕给他定的收费标准。

勤俭节约的个性

齐白石爱财,传说他家中值钱的东西都亲自锁起来,几串钥匙重1斤多,一天到晚挂在腰间荡来荡去也不嫌坠得慌;又说他的布腰带里面就藏着60个金锭;还说每天烧饭,他一定要亲自量米下锅,生怕佣人瞒天过海私带出去几粒。

还有一个画虾的故事:

齐白石画虾子,一只虾子要若干代价,照只计算。

一次,有人请他多画一只虾子,这只虾便走了样,毫无生气。那人有点奇怪,齐白石说:"你要添的这只虾子是不在价钱以内的,所以替你画了只死虾子。"

齐白石虽说有些"抠门",但对小辈却一点也不吝啬,他每月给曾孙齐作夫30块钱用于吃早餐、中餐,晚上在家里吃。家里人带来的客人住下,他也每月给30块餐钱。评剧演员新凤霞拜齐白石为师的时候,他打开储钱柜,里面一捆一捆的钱,让新凤霞随便拿。

在齐白石教学期间,他的学生要求教授为自己题字画画,齐白石也总是慷慨答应。

由此可见,齐白石并不是真小气,而只是根据生活需要,不做没有必要的浪费而已,这也是他勤俭节约的一种表现。

年　谱

1864年1月1日，齐白石生于湖南省湘潭县杏子坞星斗塘的一个农民家庭。

1866年，祖父用柴钳画灰写字，教他开始认字。

1870年农历二月十五日后，在外祖父周雨若的蒙馆开始学习用毛笔描红。

1871年，辍学期间利用放牛干活的时间读书画画。

1874年农历一月二十一日，由父母做主，娶童养媳陈春君为妻。

1877年农历五月，拜齐长龄为师学做木工活。

1878年，转拜雕花木匠周之美为师，学小器作。

1888年，拜地方画家萧芗陔为师，学画肖像。

1889年，拜胡沁园、陈少蕃为师学诗画。

1896年，开始钻研篆刻。

1897年，由朋友介绍，开始进湘潭县为人画像，几经往返，渐有名气。

1899年10月18日，正式拜王湘绮为师，并在同一年首次自拓《寄园印存》四本。

1902年，第一次赴西安教画，从这一年起，花鸟画改变画风，开始创作写意画。

1903年，到北京出游，之后开始创作《借山吟馆图》。

1904年，与王湘绮老师赴江西，游庐山、南昌等地，向王湘绮学习古典文学。

1905年，赴广西，游览了桂林、阳朔等地。

1906年，到钦州，郭葆生留他教画，得以临摹八大山人、金冬心、徐青藤等人画迹。

1907年，画《绿天过客图》。

1910年，将远游画稿重画一遍，编成《借山图卷》。

1917年，为避家乡兵匪之乱，只身二次进北京，结识陈师曾，第二年返湖南。

1919年，定居北京，从陈师曾劝，开始改变绘画风格。

1920年，在北京收梅兰芳为徒。

1922年，陈师曾带着齐白石的作品到日本办中国画展。从此齐白石名扬海外。

1927年，应林风眠聘，于国立北京艺术专门学校任教。

1946年，重操卖画治印生涯，同年赴南京、上海举办个展，并应徐悲鸿聘，任北平艺专名誉教授。

1949年，被聘为中央美术学院名誉教授，当选中国文联委员、中华全国美术工作者协会委员。

1950年，被聘为中央文史研究馆馆员，作品参加北京市"抗美援朝书画义卖展览会"。

1952年，被评选为中国文学艺术界联合会主席团委员。国家出版机构第一次出版了他的专集。

1953年，担任北京中国画研究会主席，当选为中国美术家协会第一任理事会主席。中央文化部授予"人民艺术家"称号。

1954年，东北博物馆与中国美术家协会分别为他举办了"齐白石画展"。当选全国人大代表。

1955年，与中国14位画家一起，集体创作巨幅画作《和平颂》。

1956年，获世界和平理事会1955年度国际和平奖金。

1957年，任北京中国画院名誉院长。

1957年9月16日，逝世于北京，终年94岁。

名　言

● 不让一日闲过。

● 一旦不学，胡混一天！

● 欲立艺者，先立人；学我者生，似我者死。

● 作画妙在似与不似之间，太似为媚俗，不似为欺世。

● 勿道人之短，勿说己之长；人誉之一笑，人骂之一笑。

● 学古人，要学到恨古人不见我，不要恨时人不知我耳。

● 挥扇可以消暑，着裘可以御寒；二者均需日日防，任世人笑我癫狂。

● 我是学习人家，不是模仿人家，学的是笔墨精神，不管外形像不像。

● 一个人要是利欲熏心，见缝就钻，就算钻出了名堂，这个人的人品，也是不行的。

● 作画先阅古人真迹过多，然后脱前人习气别造画格。乃前人

所不为者,虽没齿无人知,自问无愧也。

● 清逸,不慕名利,方可从事于画。见古今之长,摹而肖之能不夸,师法有所短,舍之而不诽,然后再现天地之造化。如此腕底自有鬼神。

● 画中要常有古人之微妙在胸中,不要古人之皮毛在笔端。欲使来者只能摹其皮毛,不能知其微妙也。立足如此,纵无能空前,亦足绝后。

● 一生只愿做闲人。是啊,写点闲字,画点闲画,见点闲人,说点闲话,写点闲文,看点闲景,这该是人生的一种大自在境界,细想起来,人一生能几处是闲处,得闲空,有闲情,难。求忙容易求闲难。

图书在版编目(CIP)数据

齐白石/刘明山编著.—北京:中国社会出版社,2013.3
(2022.6 重印)
(世界名人非常之路)
ISBN 978-7-5087-4350-9

Ⅰ.①齐… Ⅱ.①刘… Ⅲ.①齐白石(1864~1957)-生平事迹 Ⅳ.①K825.72

中国版本图书馆 CIP 数据核字(2013)第 036353 号

出 版 人:浦善新		策划编辑:侯　钰	
责任编辑:侯　钰		封面设计:张　莉	

出版发行:中国社会出版社		地　　址:北京市西城区二龙路甲33号	
邮政编码:100032		编 辑 部:(010)58124867	
网　　址:shcbs.mca.gov.cn		发 行 部:(010)58124866	
经　　销:各地新华书店			

印刷装订:北京华创印务有限公司		开　　本:170mm×240mm 1/16	
印　　张:13		字　　数:200 千字	
版　　次:2013 年 3 月第 1 版		印　　次:2022 年 6 月第 3 次印刷	
定　　价:49.80 元			

中国社会出版社微信公众号　　中国社会出版社天猫旗舰店